UWE BOLL

# WARUM SICH KEINER MEHR ZU SAGEN TRAUT, WAS WIRKLICH IST

DEUTSCHLAND ZWISCHEN CANCEL CULTURE, POLITICAL CORRECTNESS UND DER NEUEN FEIGHEIT, DIE WAHRHEIT ZU SAGEN

UWE BOLL

# WARUM SICH KEINER MEHR ZU SAGEN TRAUT WAS WIRKLICH IST

## DEUTSCHLAND ZWISCHEN CANCEL CULTURE, POLITICAL CORRECTNESS UND DER NEUEN FEIGHEIT, DIE WAHRHEIT ZU SAGEN

FBV

**Bibliografische Information der Deutschen Nationalbibliothek**
Die Deutsche Nationalbibliothek verzeichnet diese Publikation in der Deutschen Nationalbibliografie. Detaillierte bibliografische Daten sind im Internet über http://dnb.d-nb.de abrufbar.

**Für Fragen und Anregungen**
info@finanzbuchverlag.de

Originalausgabe
1. Auflage 2022

Türkenstraße 89
80799 München
Tel.: 089 651285-0
Fax: 089 652096



Umschlaggestaltung: Marc-Torben Fischer
Umschlagabbildungen: Lichtwerker
Satz: reinsatz . Roman Heinemann
Druck: CPI
Printed in the EU

ISBN Print 978-3-95972-553-8
ISBN E-Book (PDF) 978-3-98609-052-4
ISBN E-Book (EPUB, Mobi) 978-3-98609-051-7

# INHALT

# VORWORT
# DAS PRINZIP BOLL ODER WARUM SIE DIESES BUCH LESEN MÜSSEN, AUCH WENN ES WEHTUT

Machen Sie sich bitte keine Illusionen. Dieses Buch ist nicht bloß ein weiteres, politisches Sachbuch, dieses Buch ist ein Rundumschlag. Eine Abrechnung. Es wird sie wütend machen. Es wird dafür sorgen, dass beim Lesen Ihr Ruhepuls in die Höhe getrieben wird. Es wird Sie aus den bereitwillig hingenommenen Bequemlichkeiten des Alltags reißen, einige zementierte Selbstverständlichkeiten in Frage stellen und, nun ja, seien wir ganz ehrlich: Die Wahrscheinlichkeit ist recht hoch, dass Sie in diesem Buch an der einen oder anderen Stelle ganz persönlich beleidigt werden. Vielleicht auch einmal unter der Gürtellinie. Da müssen Sie durch. Dieses Buch ist eine Zumutung. Eine Provokation. Eine Kampfschrift. Es ist laut. Es ist polemisch. Es ist typisch Uwe Boll. Denn auch Uwe Boll ist für viele Menschen nach wie vor eine Zumutung. Es gibt in Deutschland keinen Filmemacher, der über Jahrzehnte hinweg so stark polarisiert hat und es heute mehr denn je tut. Nicht bloß mit seinen Filmen. Auch mit seinem Auftreten. Mit seinen Wortmeldungen. Mit seinen politischen Ansichten. Warum ist das so? Warum ist Boll so viel mehr als bloß ein Filmemacher? Was macht ihn für viele Menschen zu einem solchen Trigger und ihn selbst zur personifizierten Provokation?

Der beste Weg, sich dem Phänomen Boll zu nähern, führt natürlich über sein Werk. Uwe Boll hat zum Erscheinungszeitpunkt dieses Buches 30 Filme gedreht. Damit hat er sich nicht nur eine treue Fangemeinde aufgebaut, er hat auch eine solide Zahl von Menschen gegen sich aufgebracht. Menschen, die ihn wirklich abgrundtief hassen und ihre mehr oder weniger kostbare Zeit damit verschwenden, ihn in sozialen Netzwerken und den Tiefen des Internets zu diskreditieren. Wer sich jedoch die (lohnenswerte) Mühe macht, die Filme von Boll tatsächlich anzuschauen, gewinnt schnell einen ganz anderen, deutlich vielschichtigeren Eindruck.

Es gibt drei Phasen im Bollschen Œuvre. Die erste Phase könnte man als die **experimentelle Phase** bezeichnen: Mit seinem ersten Film *German Fried Movie* (1991) schafft er eine episodenhafte Persiflage auf das deutsche Fernsehen – eine sehr frühe, anarchische Vorwegnahme von Serienformaten wie *RTL Samstag Nacht*, für die Boll später auch eine kurzfristige Anstellung als Autor bekommt. *Barschel – Mord in Genf?* (1992) ist wiederum ein Film über den Tod des Politikers Uwe Barschel, der auf einer Metaebene die kulturelle Unmöglichkeit verhandelt, den Tod des Politikers Uwe Barschel zu verfilmen. Mit *Amoklauf* (1993) dreht Boll eine beinahe kammerspielhafte bundesrepublikanische Milieustudie, mit der er sogar für den Max-Ophüls-Preis nominiert wird. In dieser Zeit wird Boll als Filmemacher durchaus ernst genommen – und bekommt auch Fördergelder zugesprochen. Aber Uwe Boll ist nun einmal Uwe Boll, und so wird er nicht müde, bei jeder sich bietenden Gelegenheit zu betonen, wie beschissen er die ganzen Filmfördergremien und ganz besonders den Chef der Filmstiftung NRW, Dieter Kosslick, findet, und kurz darauf entscheiden die Filmfördergremien, dem jungen Filmemacher keine Gelder mehr zu gewähren, und lassen ihn in die zweite und wohl umstrittenste Phase seines Werkes schlittern.

Die zweite Phase ist die **kommerzielle Phase**. Weil Boll es sich aufgrund seiner großen Klappe, (Sie werden wissen, was gemeint ist, wenn Sie dieses Buch gelesen haben) bei sämtlichen Filmförderungen in Deutschland unbeliebt gemacht hat, muss er sich andere Wege suchen, um seinem Handwerk nachgehen zu können. Er stößt auf einen lukrativen, noch unerschlossenen Markt: Computerspielverfilmungen. Da Boll sich allerdings »einen Scheiß« (Boll über Boll) für Computerspiele interessiert, inszeniert er die Filme so, wie es ihm gefällt – und hält sich nicht wirklich an die von Fans und Nerds geliebten Vorlagen. Das sorgt für viel Empörung und einen bis heute kultivierten Hass aus der Gaming-Community. Einige dieser Filme, das sagt auch Boll recht offen, sind lieblos heruntergerissen. Dennoch sind die Adaptionen von *House of the Dead* (2003), *Alone in the Dark* oder *BloodRayne* (beide 2005) als Direct-to-DVD-Versionen kommerziell extrem erfolgreich.

In der dritten, »**seriösen**« Phase hat sich Boll mit seinen umstrittenen, aber kommerziell erfolgreichen Filmen einen Status erarbeitet, der ihm erlaubt, endlich die Filme zu drehen, die ihm wirklich ein Anliegen sind. Er knüpft wieder an seine Anfänge an. Ab 2008 entstehen Werke wie *Tunnel Rats, Darfur, Rampage* und *»Siegburg«*. Werke, die eine gegenwartsbezogene gesellschaftspolitische Dimension haben, in denen Boll eine charakteristische Bild- und Filmsprache entwickelt. Werke, die nah, manchmal viel zu nah an den Protagonisten dran sind und als Kommentar auf die Absurdität der westlichen Konsumgesellschaften sowie ihrer Doppelstandards und verkommenen Moral verstanden werden können. Die *Rampage*-Reihe etwa gehört zum Besten, was der sonst so zahn- und belanglose deutsche Film in den vergangenen 15 Jahren hervorgebracht hat. Warum wird das nicht anerkannt?

Möglicherweise liegt es an zwei Gründen, die in ihrer Summe das Prinzip Boll sehr gut verdeutlichen. Erstens: Die Form. Boll ist in seinen besten filmischen Momenten radikal. Er mutet seinen Zuschauern Bilder zu, die nur schwer zu verkraften sind. Es reicht ihm nicht, die Grenzen des Erträglichen zu streifen, er will sie überschreiten. Es ist schwer, sich die brutalen Vergewaltigungsszenen in *Darfur*, die Misshandlungen in *Siegburg* oder das kaltblütige Morden in *Hanau* anzuschauen, ohne den Drang zu verspüren, den Fernseher abzustellen.

Boll nutzt in seinen Filmen das Stilmittel der Exploitation: Der Schrecken und die Grausamkeit der Gewalt als drastische Erfahrung, die den Zuschauer aufrüttelt. Boll hat das natürlich nicht erfunden. Es gibt eine lange cineastische Tradition, die sich tatsächlich schon auf die ersten kinematografischen Kurzfilme zurückführen lässt. Auch explizite filmische Gewaltdarstellungen haben eine lange popkulturelle Tradition: Sei es im neuen Horrorfilm, der Ende der 1960er-Jahre begründet wurde. Oder in den zivilisationskritischen *Mondo*-Filmen der 1970er-Jahre, in denen pseudodokumentarische Aufnahmen die brutalen Sitten und Gebräuche von Menschen und Kulturen aus der ganzen Welt offenbaren sollten. Im Bollschen Werk finden sich Reminiszenzen an diese Zeit – etwa, wenn er zu Beginn von *Seed* (2007) Aufnahmen von realen Tiermisshandlungen einspielt, die ihm *PETA* zur Verfügung gestellt hat.

Schaut man sich die Vertreter dieser Horror-Genres und Subgenres heute an, so erscheint es undenkbar, dass jemals wieder solche Filme gedreht, geschweige denn von Kritikern hofiert werden. Dennoch haben sie einen (von der *Woke-Generation* glücklicherweise unentdeckten) Platz im popkulturellen Kanon eingenommen, und auch die Zombiefilme von George A. Romero werden mittlerweile von jedem halbwegs intelligenten Kritiker als das erkannt, was sie sind – eine überspitzte, drastische und in literweise Kunstblut getränkte Auseinandersetzung mit unserer westlichen Konsumgesellschaft. Bei Boll jedoch ist die Brutalität seiner Darstellung immer wieder auf Kritik gestoßen. Das hängt damit zusammen, dass der Plot eines Horrorfilms für gewöhnlich reine Fiktion ist. Boll aber greift auf reale Geschehnisse zurück. Er zeigt die tatsächliche Drastik von Krieg, weil er wenig davon hält, real existierendes Leid auf Hochglanz zu polieren. Er verhandelt die tatsächlichen Zustände in Deutschlands Justizvollzugsanstalten, weil er diese für einen Zuschauer greifbar machen will. Er zeigt, statt bloß anzudeuten. Übersetzt das leblose Aktendeutsch in drastische Bilder. Damit befeuert er immer wieder den Diskurs über die Frage, wo Kunst beginnt und was sie darf (natürlich alles, stupid!). Boll will seinen Zuschauern nicht gefallen. Er will aus der Fassung bringen, aufrütteln. Motto: Die Welt ist ein grausamer Ort, ein einziges Shithole – warum also zeigt man sie nicht auch so? Das tut weh. Besonders in einer Zeit, in der die progressive Linke unsere Gesellschaft in einen einzigen großen Safe Space umwandeln will.

Der zweite Grund, warum seinen Filmen die Akzeptanz verwahrt bleibt, liegt auf der inhaltlichen Ebene. Bolls beste Filme sind politisch. So wie auch Uwe Boll ein durch und durch politischer Mensch ist. Wenn er über Politik spricht, dann ist das niemals Smalltalk, niemals bloß Konversation, vielmehr eine Sache, die diesem Mann verdammt nochmal ernst ist. Das dürfte auch beim Lesen dieses Buches klar werden. In der Weltsicht von Uwe Boll hängt alles mit allem zusammen. Die Klimakatstrophe mit den Migrationsbewegungen, die Migrationsbewegungen mit dem anwachsenden Populismus, der Populismus mit den autoritären Zügen einer neuen Politik. Boll denkt dabei nicht in politischen Kategorien, ihm geht es nicht um ein singuläres Anliegen, sondern um das große Ganze. In dieser Weltsicht gibt es keine politischen Pole. Seine Gedankenwelt lässt sich nicht in den Kategorien links oder rechts einordnen. Eine Zumutung, eine Überforderung in einer Zeit, in der Komplexität gerne auf die Länge eines Tweets heruntergebrochen und somit eine klare Positionierung eingefordert wird.

Boll ist es scheißegal, ob sich jemand für links oder für rechts hält. Boll setzt lieber auf Vernunft und gesunden Menschenverstand, statt auf politische Koordinatensysteme. Damit steht er zwischen den Polen und greift beide Extreme in seiner ganz eigenen extremen Art für ihre Engstirnigkeit und Borniertheit an. Das sorgt dafür, dass Boll keine wirkliche Lobby hat. Die Linken hassen ihn. Die Rechten hassen ihn. Und die Mitte kann ihn nicht wirklich greifen, weil er seine Botschaft in gewohnter Polter-Manier vorträgt. Uwe Boll und leise Töne? Keine fucking Chance!

Die Vermengung von formaler Radikalität und inhaltlicher Unangepasstheit ist das, was man vielleicht als das *Prinzip Boll* subsummieren kann. Boll gestaltet nicht nur seine Filme nach dieser Methode, auch seine Auftritte und Wortmeldungen sind so aufgebaut – und selbstverständlich auch das vorliegende Buch. Boll braucht keinen Weichzeichner. Er spricht Klartext. Schimpft, pöbelt, nimmt Rücksicht auf niemanden, ganz besonders nicht auf sich selbst. Er spricht das an, was es seiner Meinung nach anzusprechen gilt. Wer es verdient, der bekommt (verbal, manchmal auch real, aber das ist eine andere Geschichte) auf die Fresse. Die Kirche, nervige Eltern, dumme Parteisoldaten, Klimaleugner, Hundebesitzer, die die Scheiße ihrer Hunde aufsammeln: Seien Sie vorgewarnt, die Liste ist endlos lang. Es tut weh, dieses Buch zu lesen. Weil es einen unweigerlich selbst treffen wird. Man kann sich dem heiligen Zorn des Uwe Boll kaum entziehen. Manchmal kann so ein Angriff auf die eigenen Gewissheiten auch ein willkommener Anlass sein, sein Weltbild in Frage zu stellen. Sollte man hin und wieder sowieso mal machen. Dieses Buch wird Sie zum Nachdenken bringen. Sie werden es hassen. Sie werden es lieben. Und es wird Sie verdammt gut unterhalten!

*Dennis Sand*
*Berlin, im Februar 2022*

# BEVOR SIE WEITERLESEN

Hier schon mal die Kritik der *Zeit*: »Skandal-Regisseur und *Goldene-Himbeere*-Gewinner Uwe Boll veröffentlicht ein Buch zur Lage der Nation und scheitert als Schriftsteller und Intellektueller. Mit polemischen und oft mit Fäkalsprache ausgeschmückten Sätzen inszeniert er sich als eine Art Adorno der Arbeiterschaft, was ihm aber nicht gelingt: Zu durchsichtig ist sein Bestreben, einen Bestseller zu schreiben und Geld zu machen.«

Die *taz* kam gerade auch schon rein:

»Wer soll so ein Buch kaufen? Uwe Boll entpuppt sich als Persona non grata, Rassist, Kommunist, Faschist, Atheist, Gender-Gegner und unkontrollierbarer Nonkonformist, dem Political Correctness völlig fremd ist.«

Und zum Schluss die *Bäckerblume*:

»Boll schafft es in unnachahmlicher Art und Weise, die Geschichte der Welt und das Scheitern der Menschheit auf den Punkt zu bringen. Vollkommen unbestechlich und immun gegen die Cancel Culture liest er dem Volk die Leviten, und zwar in einer Sprache, die jeder versteht. Wo sich Wissenschaftler lange abmühen und dann trotzdem nicht auf den Punkt kommen, schafft er es in wenigen Sätzen, unsere Realität komplett zu zerlegen!«

# EINLEITUNG

## 1. ERZIEHUNG

Lassen Sie uns ganz am Anfang kurz über Erziehung sprechen. Denn auch da sind wir auf dem Holzweg.

Die größte Aufgabe für uns Eltern ist es, sich auf keinen Fall in Fallschirm- oder sogar Bulldozer-Eltern zu verwandeln. Und wenn wir es schon sind – und sei es nur ein bisschen –, dann müssen wir dagegen angehen. Denn sonst machen wir einen verheerenden Fehler. Ich hatte letztens ein leicht traumatisches Erlebnis mit meinem Sohn beim Zahnarzt. Mein Sohn ist sieben Jahre alt und hat beim Kinderzahnarzt schon mehrmals null kooperiert – nicht einmal bei der Zahnreinigung. Nun hatte er an zwei Stellen Karies und die mussten weg. Also gingen wir zu einem Kinderzahnarzt, der auch eine Behandlung unter Narkose anbietet. Doch auch bei diesem kooperierte mein Sohn nicht und ließ sich keine Nadel setzen. Es blieben nun zwei Möglichkeiten. Erstens: Wir gehen nach Hause und die Karies wird wachsen und andere Zähne befallen. Zweitens: Ich und der Arzt halten ihn fest, sodass mein Sohn in Narkose versetzt werden kann. Und genau das haben wir dann gegen seinen Widerstand getan, während meine Frau anfing zu weinen und brüllte, dass sie das nicht will. Nach der Narkose flippte mein Sohn dann vollkommen aus und wollte mich verprügeln, weil ich ihn gegen seinen Willen festgehalten hatte.

Doch nach ein paar Stunden war er wieder gut gelaunt – und kariesfrei. Ich habe mir natürlich trotzdem enorme Vorwürfe gemacht. Im Endeffekt habe jedoch nicht ich die falsche Entscheidung getroffen, sondern mein Sohn. Jeden Tag drückte ich ihm seine Zahnbürste und Zahnseide in die Hand und bestand drauf, dass er seine Zähne zweimal am Tag putzt, und zwar mindestens eine Minute lang. Aber sobald ich nicht aufpasste, putzte er viel zu kurz und nutzte die Zahnseide nur zur Show. Alle Warnungen: sinnlos. Die Folge: Karies. Mein Sohn war es gewohnt, dass seine Aktionen keine Konsequenzen hatten, weil wir uns als Eltern zu weich verhielten und er viele Situationen ohne Konsequenzen aussitzen konnte.

Alles ist ein Kampf bei der Erziehung, und meine Frau und ich mussten auch bei unseren anderen beiden Kindern bitten und betteln, motivieren und brüllen. Die üblichen Themen: Hausaufgaben machen, pünktlich zur Schule gehen, Sport treiben, Obst und Gemüse essen. Selbst wenn wir mal einen Familienspaziergang machen wollten, gab es Widerstand wie in Stalingrad. Oft hatten wir den Eindruck, dass Kinder alles, was gesund ist und bildet, ablehnen und alles, was krank, abhängig (Internet, YouTube et cetera) und fett macht, super finden. Von dieser Erfahrung berichten mir auch viele befreundete und entnervte Eltern. Aus diesem Gefühl und dieser Situation wollen Eltern raus, scheuen aber den Konflikt, denn der Alltag ist schon stressig genug. Wir wollen Harmonie mit den Kindern und nicht pausenlosen Kampf. Also knicken wir ein – leider auch bei Situationen, die langfristige und beschissene Konsequenzen für die Kinder haben können. Da werden dann Lehrer und Trainer beschimpft, die es wagen, die lieben Nachkommen schlecht zu bewerten und ihr schlechtes Benehmen zu kritisieren. Zu anderen Eltern wird der Kontakt nach misslungenen Playdates abgebrochen und man glaubt stets seinen eigenen Kindern, dass »die anderen angefangen haben«. Und Ärzte werden nur akzeptiert, solange es das Kind will.

»Fallschirm«-Eltern stellen sicher, dass ihre Kinder immer weich fallen, und »Bulldozer«-Eltern räumen alle Widerstände und Hindernisse aus dem Weg – oft sogar, bevor sie sich wirklich auftürmen. Da werden Kinder weichgespült, immer gelobt und für viel Geld in Privatschulen geschickt, bekommen immer alles, was sie wollen, und erfahren nie Bestrafung und Niederlagen. Früher wurde man im Sportverein vom Trainer angebrüllt und als »Gurke« und »Versager« beschimpft, heute bekommt jeder nur Lob, egal wie gut (oder schlecht!) er ist. In Fußball-Camps kriegt selbst der größte Rohrkrepierer Urkunden und Medaillen, und die einzigen, denen das wirklich etwas bringt, sind die Hersteller von Medaillen und Urkunden. Allerdings kann sich ohne Leistungsdruck und Wettbewerb im Sport niemand wirklich verbessern. Das Gefühl der Niederlage oder des Versagens geht nicht durch Eltern weg, die einen vom Sport abmelden und sagen »ist doch nicht so schlimm« oder »du warst trotzdem gut«. Zu Siegen führen nur Ausdauer und härteres Training. Ich habe meinen Sohn noch nie so stolz gesehen wie bei den bestandenen Schwimmprüfungen, denn er spürte instinktiv, dass er *Seepferdchen* und *Bronze* aus eigener Kraft und ohne Hilfe geschafft hatte.

Es bringt auch nichts, dicken Kindern zu verschweigen, dass sie besser abnehmen sollten, denn die anderen Kinder werden ihnen früher oder später sagen, wie es ist, und zwar ohne Fallschirm. Daher ist es besser, den Kindern Lösungen aufzuzeigen – »Weniger Schokolade und Chips und mehr Bewegung und Sport!« – und natürlich auch weniger Süßes überhaupt im Haus zu haben.

Ein weiteres Phänomen: Lehrer trauen sich nichts mehr und haben Angst vor Eltern, die sofort beim Schulleiter vorsprechen oder sogar Strafanzeige stellen, wenn ihre Nesthäkchen mal enttäuscht mit einer »5« nach Hause kommen. Mich hat unser Lehrer in der Grundschule immer auf den zwei Meter hohen Schrank gesetzt, wenn ich mal wieder den Unterricht störte, und da musste ich über Stunden sitzenbleiben, auch wenn die anderen in die Pause gingen. Diese Bestrafungen führten dazu, dass ich mich mehr und mehr zusammengerissen und keine blöden Witze mehr gerissen habe. Und genau deshalb musste ich meinen Sohn festhalten, als ihm beim Zahnarzt die Narkose-Maske auf das Gesicht gezogen wurde. Er hatte Todesangst. Aber Stunden später war er geheilt und genau darauf kam es an. Das war wichtiger, als ihm zu gefallen und ihn wieder davonkommen zu lassen. Die Lehre war:

Putz deine Zähne in Zukunft besser – und das setzt er jetzt tatsächlich um, denn er hat begriffen, dass Fehlverhalten Konsequenzen hat und dass wir ihn dann nicht unterstützen.

Wie habe ich meinen Vater gehasst, als er mir einmal sagte, ich wäre ein körperliches Wrack. Damals war ich 15 und spät in die Pubertät gekommen, war daher noch klein und schwach, obwohl ich viel Sport trieb und in der Verbandsliga Handball spielte. Mein Vater war mit BAYER 04 deutscher Feldhandball-Meister geworden und von daher stark leistungsorientiert. Natürlich konnte ich nichts dafür, denn ich hatte eben noch keine Haare am Sack. Dennoch führte der »Du bist schwach«-Spruch meines Vaters dazu, dass ich neben dem Handball auch noch zum Boxen ging und sportlich enorm aktiv wurde. 14,50 Minuten auf 5.000 Meter, 176 einarmige Liegestütze und 65 Klimmzüge: So viel schaffte ich auf dem Höhepunkt meiner Sportkarriere – und gehörte damit sicherlich zu den 0,1 Prozent der sportlichsten Menschen in Deutschland. Beim Boxen trainierte ich oft bei den Cracks aus der Bundesliga mit, und bei den Laufwettbewerben machte ich alle platt.

In der Erziehung ist es nach meiner Einschätzung von hoher Wichtigkeit, den Kindern mit Liebe und Zuversicht zu begegnen, parallel aber auch klare Regeln aufzustellen: Auf Verstöße folgen Sanktionen. Belohnungen gibt es »nur für gute Leistung«. Die Kinder sollen lernen, dass sie frei sind und selbst für die Konsequenzen ihres Handelns geradestehen müssen. Ich möchte, dass ihre Lehrer und Trainer klar, fair und hart mit ihnen sind, denn wenn sie in der Schule versagen, so wird das auch im Studium oder im Beruf passieren. Meine Kinder gehen auf öffentliche Schulen und lernen dort Menschen unterschiedlicher Herkunft und mit verschiedenen Religionen und Mentalitäten kennen und genau das ist sehr wichtig. Nur so gewinnt man direkte Erfahrung, lernt das Leben zu leben, die eigenen Konsequenzen zu ziehen und die Folgen davon zu spüren. Daher: Beschützt Eure Kinder nicht vor dem Leben, denn sonst werden sie es umso schwerer haben und euch umso länger auf der Tasche liegen.

# 2. WO STEHEN WIR?

Deutschland versinkt in der Bedeutungslosigkeit. Wobei: Nein, das stimmt gar nicht. Richtig ist: Wir sind bereits in der Bedeutungslosigkeit versunken, und in den Kapiteln dieses Buches zeige ich dazu einige Beispiele auf:

- Außenpolitik
- Coronapolitik
- Umweltpolitik – Bekämpfung der Erderwärmung und Naturschutz
- Merkel, Trump
- Digitalisierung – Schul- und Behördensystem
- Kultur, Film und Fernsehen
- Verteidigungspolitik, Ukraine-Krieg
- Radikalisierung, Verschwörungstheorien, QAnon
- Rassimus, Islamismus
- Migration, Afghanistan
- Cancel Culture, Twitter-Polizei, Me Too und Woke Culture

Aber starten wir doch mal beim Sport, denn die Fußball-EM und Olympia 2020 passen gut zur politischen Lage. Ignoranz und Realitätsverleugnung nach dem Motto »Die Hoffnung stirbt zuletzt«. Jogi Löw hat nach dem WM-Titel in Brasilien absolut nichts zustande gebracht, na ja, außer vielleicht die Werbung für schwarze Helanca-Pullover. Jedenfalls hätte er nach dem Vorrunden-Aus in Russland gefeuert werden müssen, aber so läuft das eben nicht in Deutschland. Löw durfte stets weitermachen, konnte es sich leisten, 6:0 gegen Spanien oder 2:1 gegen Nord-Mazedonien zu verlieren. Nord-Mazedonien, ein Land, von dem wir vor dem Spiel nicht wussten, dass es existiert. Ich habe bereits vor der EM prognostiziert, dass wir sang- und klanglos ausscheiden werden, und so kam es dann auch. Faszinierend war aber zu sehen, wie optimistisch vieler meiner Freunde an die EM herangegangen sind, ebenso wie die Presse. Lächerlich. Der Track-Rekord war katastrophal und die Illusion, wir hätten noch Super-Fußballer, ist Selbstbetrug, ähnlich wie: »So schlimm wird uns die Klimaveränderung schon nicht treffen!« Das ist eine klassische Romantisierung der Vergangenheit, gekoppelt mit dem Schönreden der eigenen Situation. Manuel Neuer ist längst nicht mehr der ›beste‹ Torwart der Welt und Toni Kroos ist seit Jahren ein Klein-klein-Rückpass-König ohne jeden Drang aufs Tor. Nach dem einen Traum-Freistoß in Russland hat er sich sechs Jahre lang jeden Freistoß geschnappt und übers Tor geschossen. Kimmich ist eben kein Lahm, sondern ein arroganter Impfgegner-Fatzke, der glaubt, er wäre ein Mega-Star, und unsere gesamte Abwehr ist ein Hühnerhaufen ohne Konzept. Die Italiener hingegen wurden zu Recht Europameister: Die haben eine Abwehr, die den Namen verdient.

Löw hat es geschafft, eine mittelmäßige Truppe in eine katastrophale Scheiß-Mannschaft zu verwandeln – die perfekten »Anti-Fußballer«. Als dann nach der EM Hansi Flick übernahm, wurde sofort deutlich, dass dieser Trainerwechsel schon sechs Jahre zuvor nötig gewesen wäre.

Da in Deutschland nur Bayern München eine Truppe mit internationalem Format ist, wird die Lage sich nicht bessern, denn die Meisterschaft ist dementsprechend langweilig, und wirklich spannend ist nur der Abstiegskampf. Wer außer Bayern dann die Champions-League-Plätze erreicht, ist vollkommen egal, denn Dortmund, Leverkusen, Leipzig und Co. werden ohnehin meistens bis zum Viertelfinale eliminiert.

Ich bin Gladbach-Fan. Wir wurden all die Jahre nach unserer Glanzzeit unter Hennes Weisweiler leergekauft und gurken zumeist im oberen Mittelfeld rum. Von Matthäus über Effe, Reus, Dante bis Xhaka – immer wurden die Besten abgeworben. Und zur Saison 2021/2022 will ich gar nichts schreiben, weil ich sonst weine.

# 3. WM IN KATAR 2022

Die nächste Weltmeisterschaft wird vom 21. November bis 18. Dezember 2022 nach dem Motto »Leichen pflastern unsern Weg« und »Wes Brot ich eß, des Lied ich sing!« durchgezogen. Diese WM findet erstmalig im Winter statt und schmeißt dadurch den gesamten Spielplan der individuellen Ligen und der Champions- und UEFA League durcheinander, aber das scheint die FIFA nicht zu interessieren, denn anscheinend zahlt Katar zehnstellig dafür in den FIFA-Topf und investiert 150 Milliarden Euro. Da wird dann eben schnell der Winter zum Sommer. Die WM in Russland kostete übrigens nur 20 Milliarden Euro. In Europa werden dann wohl in jedem Land für die Spielpläne 2022/2023 englische Wochen die Regel sein, denn der Ligabetrieb wird wohl Anfang/Mitte November eingestellt und erst nach Neujahr wieder aufgenommen werden können. Nur in England wird es schneller gehen, denn erstens fliegen die früh raus und zweitens spielen die Brits traditionell Weihnachten durch.

Beim Bau der Stadien in Katar sind mindestens 6.500 Sklavenarbeiter ums Leben gekommen. Dagegen sind die Hunger- oder Squid Games quasi Kindergeburtstage. Mal so zum Vergleich: In 20 Jahren Afghanistan-Krieg wurden insgesamt 53 deutsche Soldaten getötet. Aber wer zählt schon Tote, wenn es um eine WM geht? Wer interessiert sich für Arbeiter aus Indien oder Pakistan oder dafür, wie Katar diese behandelt? So ist die Welt. Geld zählt und wer keins hat, ist gefickt. Und am Schluss sitzen wir doch wieder vor dem Fernseher und schauen uns an, wie weder Ronaldo noch Messi oder Neymar Weltmeister werden.

# 4. OLYMPIA IN TOKYO 2021

Olympia in Tokio 2021 war für Deutschland ebenfalls ein Desaster. 37 Medaillen für uns, 113 für die USA und selbst die Engländer konnten mit 65 Edelmetallen zurück auf die Insel fliegen. Wir haben über 20 Millionen Einwohner mehr als England, das macht das Versagen nochmal drastisch deutlicher und ist ein Zeichen, dass wir insgesamt immer mehr unseren Biss verlieren und lieber Netflix, YouTube und Amazon schauen und Playstation spielen, als uns den Arsch auf dem Sportplatz aufzureißen. Daran ändert auch das bessere Abschneiden bei der Winterolympiade 2022 in Peking nichts, denn dort traten ja quasi nur Berufssoldaten an, die das ganze Jahr bezahlt trainieren dürfen. Pringles statt EPO ist die Devise, man muss nur mal ins Freibad gehen und kann sich dort die Verfettung der Gesellschaft live am Eisstand ansehen. »Cellulite-Bomber« wäre in vielen Fällen noch eine höfliche Umschreibung, aber Hauptsache das Tattoo sitzt.

Wo wir gerade dabei sind, ganz kurz an alle Tattoo-Träger: Ihr habt eure DNA beschädigt und Ihr werdet keineswegs hübscher oder stärker durch den Blödsinn. Ob Drachen, geometrische Gebilde, Wikinger-Symbole, die Namen eurer Kinder, Frauen, Männer, Brüder, Schwestern oder Idole: Mit der Idee, auf eurer Haut zu zeigen, wer Ihr seid, reduziert Ihr eure wirkliche gesellschaftliche Stellung auf das Level von Dünnbrettbohrern. Und ganz abgesehen davon ist der Spaß auch noch teuer. Warum also dafür oder fürs Rauchen Geld zum Fenster rausschmeißen? Dies nur mal so als Anregung zum Nachdenken.

Zurück zum Breitensport: Leider wird dieser kaum noch gefördert, und dies führt dann eben zu Resultaten wie in Tokyo. Ich war von 1983 bis 1997 Mitglied der Boxabteilung von Bayer 04 Leverkusen, und zu dieser Zeit förderte Bayer alle Sportarten. Basketball, Handball, Volleyball, Judo, Boxen und Fußball – alle Teams spielten in der Bundesliga, und zwar sowohl bei den Herren-, als auch bei den Damen. Etliche

Leichtathleten (etwa Stabhochspringer Tim Lobinger oder Hochspringer Dietmar Mögenburg) waren Weltklasse. Etwa um das Jahr 2002 strich dann die *Aspirin*-Firma das Budget aller Sportarten außer Fußball, und danach ging es dramatisch bergab. Fast alle Teams stiegen in den darauffolgenden Jahren von der Bundesliga bis in die Verbandsligen und sogar noch tiefer ab. Den Boxern wurde die Boxhalle abgerissen, und danach konnten sie eine Zeit lang nur noch in den Umkleidekabinen der Rundsporthalle trainieren. Ein Witz. So wie in Leverkusen ging es fast überall im Land, und wer nicht bei der Bundeswehr war oder Sporthilfe kassierte, hatte überhaupt keine Chance mehr, auch nur annähernd Olympia-Niveau zu erreichen. So ist es bis heute – mit kaum einer Chance auf Besserung.

# 5. POLITISCHER DRIVE

Ich bin sehr politisch, wie man auch in meinen Filmen sehen kann (*Darfur, Siegburg, Hanau, Rampage, Tunnelrats, Assault on Wallstreet, Postal, German Fried Movie, Barschel-Mord in Genf?, Heart of America*). Außerdem kommentiere und analysiere ich sehr viel auf meinen YouTube Kanälen *Uwe Boll* und *Uwe Boll Raw* sowie in meinem Podcast *Boll-Blasberg*. Kai Blasberg ist der Ex-Geschäftsführer von Tele 5, wo zahlreiche Filme von mir liefen, und ein brillanter Medienmanager und Analyst. Er hat bei Tele 5 aus Scheiße Gold gemacht und Profite erwirtschaftet, die dann der Inhaber von Tele 5 nutzte, um einen guten Preis für den Sender zu bekommen. Also wurde Tele 5 an die Amerikaner verkauft, die wiederum das Profil des Senders innerhalb von zwei Jahren komplett zerstörten. Nach nur einem Jahr wurde die Belegschaft »etwas« reduziert, nämlich von fast 80 Angestellten auf acht.

Bei ARD und ZDF läuft es genau andersherum: Mit Milliardenbudgets (dank der GEZ und Werbeeinahmen) wird aus Gold Scheiße gemacht. ARD und ZDF haben über 30.000 festangestellte Mitarbeiter, lassen aber die meiste »wirkliche« Arbeit von weiteren 30.000 freien Mitarbeitern und Mitarbeitern von Auftragsproduzenten machen. Denn die Festangestellten sind ja intern mit sich selbst beschäftigt (Krankschreibungen ausfüllen, Urlaubsplanung, Tarifgespräche, Bestechungsgelder verstecken, Dienstreisen buchen et cetera). Ähnlich wie beim öffentlichen Dienst mit fast fünf Millionen Angestellten (davon circa zwei Millionen Beamte) wären natürlich bei entsprechender Digitalisierung mehr als die Hälfte der Beschäftigten vollkommen überflüssig.

Natürlich ist es etwas anderes, in 45-minütigen Podcasts über aktuelle Themen zu diskutieren, als ein Buch zu schreiben. Ein Buch kostet weit mehr Zeit, Nerven, Recherche und muss so geschrieben sein, dass es nicht schon am Tag der Veröffentlichung überholt ist.

In diesem Buch werde ich beschreiben, wohin nach meiner Einschätzung als Menschheit die Reise geht, und da es ziemlich bitter aussieht, mache ich es so unterhaltsam und lustig wie möglich. Was für mich lustig ist, könnte auf Sie, lieber Leser, möglicherweise zutiefst herausfordernd und beleidigend wirken. Das liegt aber nicht an mir, sondern an Ihnen und Ihrem fehlenden Humor beziehungsweise Ihren falschen Moralvorstellungen. Mit dem Stilmittel der Übertreibung werde ich versuchen, Dinge klarer auf den Punkt zu bringen. Politiker versuchen oft, Probleme zu verharmlosen, um das Volk nicht aufzuregen. Denn nach dem Aufregen kommt oft das Aufbegehren und das wollen vor allem Beamte nicht. Zur Entspannung empfehle ich nach meinem Buch die Ratgeber *Lebe gut!* von Mihály Csíkszentmihályi (mit dem Untertitel *Wie Sie das Beste aus Ihrem Leben machen*) oder *Sorge dich nicht – lebe!* von Dale Carnegie zu lesen. Das hilft, sich auf das Wesentliche zu konzentrieren, und das ist nun mal, so positiv, glücklich und umweltschonend wie möglich durchs Leben zu gehen. Seien Sie einfach gut zu Ihren Mitmenschen, zu Tieren und Ihnen selbst. Regen Sie sich nur ab und zu mal auf – und nicht zu viel.

# 6. GRUNDSÄTZLICHES – ALSO WICHTIGERE PUNKTE ALS DIE WELTRETTUNG

1. Eltern, die mit ihren Kindern an der Fußgänger-Ampel warten, bis diese grün wird, obwohl kein Auto kommt, sind absolute Vollidioten. Denn was bringen sie ihren Kindern hier bei? Gehorche der Obrigkeit, auch wenn es keinen Sinn macht. Die richtige Lösung ist: Gehe über die Straße, wenn kein Auto kommt. Ende!

2. Hundebesitzer, die ihre Hunde immer an der Leine halten, weil sie selbst Angst haben, sollten niemals Hunde besitzen. Am schlimmsten ist es, wenn sie dafür auch noch die üblichen Bullshit-Ausreden vorbringen. Etwa: »Mein Hund wurde vorher gebissen!« Oder: »Mein Hund ist frisch operiert, daher kann ich ihn nicht loslassen!« Dieses Gelaber ist immer frei erfunden. Solche Hundebesitzer haben oft Wasserflaschen für ihre Fiffis dabei, obwohl sie an einem Fluss spazieren gehen. Oder sie haben Schleppleinen, mit denen sie ihren Hund trainieren wollen. Alles Quatsch! Ich habe mein ganzes Leben Hunde gehabt und man muss sie laufen und ihre eigenen Erfahrungen machen lassen, so wie Menschen. Wenn sich freilaufende Hunde treffen, gibt es viel weniger Gekläffe und sie lernen, wie man sich verhält. Es ist im Übrigen auch der totale Blödsinn, Hundescheiße mit Plastiktüten aufzusammeln, denn mehr Plastik bedeutet mehr Umweltverschmutzung, zumal viele dann auch noch die Tüte im Gras liegen lassen, was ja quasi der Höhepunkt der Idiotie ist. Ich sammle nie Hundescheiße auf und kann auch niemandem raten, mich aufzufordern, ich solle einen Haufen wegmachen.

3. Weitere Vollidioten sind die Fußgänger, die mich ohne Grund mit »Nehmen Sie Ihren Hund an die Leine!« anbrüllen, weil sie sich ins Hemd machen – und das, obwohl mein Hund keinerlei Notiz von ihnen nimmt. Solche Korinthenkacker sind auch gerne Mitglied im Kleingärtnerverein und spielen da beim kleinsten Regelverstoß den unerbittlichen Staatsanwalt. All diese Typen, Frauen und Männer, sind angstgetriebene aggressive Loser. Sie sind die Täter der Zukunft, die immer nur zuschlagen, wenn das Opfer schon am Boden liegt. Dieselbe Art Mensch erschießt in den USA wehrlose Menschen, weil sie die Möglichkeit dazu haben – sei es, weil sie Polizist sind oder »ihr Eigentum verteidigen mussten«, obwohl auch ein Schuss in die Luft gereicht hätte.

4. Die gesamte humorlose Blase der Twitter-Trolls, Gender-Ideologen, Cancel-Culture-Vertreter, Quotenpolizisten und Political-Correctness-Fanatiker ist natürlich das Allerletzte. Sollten sich diese Anti-Menschen weiter durchsetzen beziehungsweise wir uns ihnen beugen, dann verraten wir alles, was wir uns seit der französischen Revolution und dem Zeitalter der Aufklärung erarbeitet haben. Diese Horde begreift nicht, dass Meinungs-, Presse- und vor allem Kunstfreiheit nicht nur alles darf, sondern alles muss! Wir müssen alles denken, schreiben und aufführen und uns vor allen Dingen über alles und jeden lustig machen dürfen. Kunst kann und muss wehtun, anecken und in Frage stellen, muss Regeln brechen und allen die Leviten lesen. Frei nach dem alten *Fisherman's-Friend*-Spruch: »Ist es zu stark, bist du zu schwach!«

Nun wird es etwas, aber nur etwas, tiefgründiger und ernster: Wir kommen zum »Kern«.

# 7. DER KERN

Es gibt drei Säulen, die der Mensch braucht, um zu relativem Glück gelangen zu können:

Die erste Säule beinhaltet die menschlichen Kontakte, Freundschaft, Liebe, Sex und Zuneigung.

Die zweite Säule steht für die Gesundheit. Pausenlose Schmerzen, psychische und physische Leiden verhindern Glück und Bewusstsein.

Die dritte Säule ist die Erfüllung der wirtschaftlichen Grundtriebe. Nahrung, Wohnung, Hygiene und Schlaf sind unerlässlich, um eine Grundlage des eventuellen Glücks überhaupt legen zu können.

Ein Ausfall einer der drei Hauptsäulen führt zu pausenloser Unzufriedenheit und Unglück. Unglück führt irgendwann zum Umfallen des gesamten Stammes, zur Zerstörung des betreffenden Menschen.

An diesen drei Hauptsäulen hängen beliebig viele Nebenarme wie Urlaub, Hobbies, Sport, Bildung, Kreativität, Erfolg, Luxus oder sonstiger Zeitvertreib.

Diese Nebenarme sind von Mensch zu Mensch unterschiedlich ausgebildet, prägen den jeweiligen Charakter, sind aber nicht unbedingt notwendig, um einen Menschen erfüllt durchs Leben zu geleiten. Die Verdrängung und die Nichtexistenz einer der Hauptsäulen kann nur zeitlich begrenzt durch eine Überentwicklung der Nebenarme oder zumindest eines Nebenarms vertuscht werden. Die anderen Menschen bemerken oft nicht, wenn bei einer Person eine der Hauptsäulen fehlt und stattdessen die Nebenarme überproportional vorhanden sind. Der Betroffene selbst merkt jedoch immer, wenn eine Hauptsäule verkümmert oder gar nicht existent ist, denn er geht davon ein.

»Was die innere Stimme spricht, das täuscht die hoffende Seele nicht«, dichtete schon Schiller. Traurig, aber wahr.

Oft erkennt der Mensch seine schwierige Situation, verhindert aber sein Sterben nicht. Einsamkeit führt genauso zum Tod wie Krankheit sowie Nahrungs- oder Schlafentzug. Stirbt eine der Hauptsäulen, so entzieht sie auch den anderen Säulen langsam Nahrung und Energie – bis diese ebenfalls verkümmern. Beispielsweise kann man im jungen Alter eine Zeit lang viel Sex haben und auch gesund sein, aber ohne Geld und eine wirtschaftliche Existenz wird früher oder später auch das Sex-Leben verkümmern und die Gesundheit verfallen. Wenn man wiederum nicht gesund ist, können auch Geld und eine gute Familie nur bedingt helfen. Und gesund und reich zu sein, hilft auch nichts, wenn man einsam ist und seine Sexualität nicht lebt.

Diese Betrachtung ist deshalb wichtig, weil sie auf alle Menschen zutrifft – auch auf Nazis, auf IS- und Taliban-Mitglieder, auf Menschen im tiefsten Urwald oder auf Banker in New York City.

# 8. PRÄAMBEL

Was ist nochmal eine Präambel? Sie steht als Vision oder Kernaussage über einem Leitbild oder einer strategischen Planung. In der Regel wird eine Präambel gewählt, wenn ideelle und historische Beweggründe dargelegt werden sollen. Sie ist eine Kern-Bedingung beziehungsweise Ausgangsposition, auf der Ideen, Planungen, Beschreibungen und so weiter aufbauen.

Ich habe circa 3.400 Bücher gelesen, davon circa 2.000 Romane und 1.400 Sachbücher. Von Romanen hatte ich nach meinem Germanistikstudium ziemlich die Schnauze voll, als ich Mitte der 1990er-Jahre promovierte. Daher habe ich in den letzten 25 Jahren fast nur noch Sach- und Historienbücher gelesen.

Vor allem durch Prof. Dr. Aust an der Uni Köln lernte ich, was es eigentlich heißt, wissenschaftlich vorzugehen. Denn es ist nicht damit getan, ein Buch zu lesen und dieses zu interpretieren. Stattdessen muss man auch die folgenden Fragen beantworten:

Was steht im Buch? Was wird erzählt? In welchem historischen und persönlichen Kontext wurde das Buch geschrieben? Wie wurde das Buch aufgenommen? Hatte das Buch politische und soziale Relevanz? Welchen Stellenwert hatte das Buch im Werk des Autors und warum?

Das heißt, ich kann kein Buch wirklich beurteilen ohne weitere Literatur, weiteres Wissen heranzuziehen.

Ein Werk wie *Michael Kohlhaas* von Heinrich von Kleist, wo es um das Aufbegehren gegen die Obrigkeit geht und welches auf einem realen Fall beruhte, hatte 1810 eine komplett andere soziale Relevanz, als wenn es heute geschrieben worden wäre. Denn das reale Vorbild für die Hauptperson wurde vom Adel hingerichtet, als er sein Recht verlangte. Auch dass der Autor Kleist mit 34 Jahren Selbstmord beging, ist eine enorm wichtige Information, denn in indirekter Weise erklärt sich hier die ganze revolutionäre Motivation und auch Frustration der damaligen Zeit.

Das gesamte Werk von Thomas Bernhard und sein unglaublicher Zynismus wird nur erklärbar, wenn man seine Lebenssituation betrachtet. Er lag als 18-Jähriger 1949 monatelang mit Tuberkulose in einem Sterbezimmer in einem Sanatorium in Österreich. Zur selben Zeit starben auch sein geliebter Großvater und seine Mutter. Sein leiblicher Vater hatte schon zehn Jahre zuvor Selbstmord begangen. Bernhard überlebte nur, weil er jegliche Emotion und Energieverschwendung unterdrücken konnte, um weiter Kraft zum Atmen zu generieren. Medikamente gab es damals nicht, stattdessen wurde ihm ohne Betäubung per Schlauch durch ein Loch im Brustkorb Luft in die Lunge gepumpt, damit durch diese Kompression die Löcher in der Lunge heilten beziehungsweise die Löcher verschwanden. Einmal wurde er dabei sogar für tot erklärt und aufgegeben, aber er berappelte sich wieder und ließ sich etwas später ungeheilt aus dem Sanatorium entlassen. Im Folgenden wurde er zwar einer der berühmtesten deutschsprachigen Schriftsteller – aber zu keiner Zeit ein glücklicher Mensch. Er heiratete nie, hatte nie eine Liebesbeziehung und damit auch keine Kinder und starb mit nur 58 Jahren. Seine Weltsicht pessimistisch zu nennen wäre noch positiv ausgedrückt.

Die beschriebene wissenschaftliche Herangehensweise ist nicht auf die Literaturwissenschaften begrenzt, sondern kann als Basis für alle politischen, juristischen, wirtschaftlichen, historischen und kulturellen Wissenschaften gesehen werden. In den folgenden Kapiteln bildet sie die Grundlage meiner Aussagen.

# GESCHICHTE UND GEWALT

Wenn man Menschheitsgeschichte erzählt, dann kann man diese als Geschichte des Verbrechens und der Gewalt wunderbar auf den Punkt bringen. Wenn man sagt, dass alle Wendepunkte in der Geschichte durch Krieg und Gewalt erzeugt wurden, dann untertreibt man. Denn Geschichte ist Krieg und Gewalt. Das generelle Leben in Gemeinschaften, Städten und Ländern wird durch die Androhung von Gewalt und direkte Gewalt bestimmt. Wer glaubt, er lebe in einer gewaltfreien Demokratie, muss nur ein paar Regeln überschreiten und wird dann sehr schnell Gewalt kennenlernen. Während der Corona-Pandemie ohne Maske im Supermarkt oder in der U-Bahn aufkreuzen, nackt durch die Fußgängerzone stolzieren oder in der Kirche, im Kino, beim Konzert oder im Restaurant rumbrüllen – all das reicht schon, um relativ zeitnah auf die Fresse zu bekommen, abgeführt zu werden oder beides.

Der Mensch lebt stets mit Gewalt oder der Androhung von Gewalt, auch wenn wir es ausblenden. Gewalt setzt sich immer durch und wird dann nach Schaffung eines Status quo auch wieder durch Gewalt kontrolliert.

Zwei konkrete Beispiele:

1. Die Taliban konnten 2021 Afghanistan wieder komplett übernehmen – und zwar nur mit der Androhung von Gewalt. Dadurch fiel beim Machtwechsel kaum ein Schuss. Kaum saßen die Taliban wieder an den Schalthebeln, installierten sie Scharia-Gesetze, die bei Verstoß Gewalt nach sich ziehen.

2. Russland hatte schon lange vor, die Ukraine militärisch zu besetzen, und im Februar 2022 erschien es Putin möglich, die Ukraine zu schlucken, da er die NATO und EU für zu schwach hielt, um tatsächlich einzugreifen. Der einzige Grund, es nicht zu tun, lag in den Androhungen von wirtschaftlichen Gegenmaßnahmen der EU und von Nordamerika, und das schreckte Russland anscheinend nicht genug ab.

Na klar gibt es tonnenweise Entwicklungen, die durch neue Erfindungen (Zahnbürste, Buchdruck, Wassertoilette, Auto, iPhone, Fortnite) eingeleitet wurden, aber Freud und andere Psychologen würden mir recht geben, wenn man sagt: Sex und Gier sind die größten Motivationsgeber in der Weltgeschichte. Das spiegelt sich im Verhalten aller Menschen wider und übrigens auch in der Weltliteratur. Von Boccaccios *Dekameron* über Arthur Schnitzlers oder Thomas Manns Novellen bis zu Knut Hamsun, William Faulkner oder Henry Miller: Sie alle beschrieben immer wieder die Grundtriebe des Handelns ihrer Protagonisten. Der »arme kleine Herr Friedemann« bei Thomas Mann, der wie »Leutnant Gustl« bei Arthur Schnitzler so lange einer vorrangig sexuellen Illusion nachhängt, bis das Leben auseinanderfällt oder durch eigene Hand endet.

Interessant sind in diesem Zusammenhang nicht nur sexgesteuerte Massenmörder wie Ted Bundy und Jack the Ripper, sondern auch Vergewaltiger wie Jeffrey Epstein, Harvey Weinstein und Bill Cosby und auch all die Sekten und Kulte. Gurus wie Keith Raniere, Jim Jones, Paul Schäfer aus der chilenischen Colonia Dignidad, Yogaville, die Manson Family, Bhagwan oder Bikram haben riesige Unternehmen und Organisationen aufgebaut, aber im Endeffekt hatten sie nur das Ziel, ihre sexuellen Kontroll-Phantasien ausleben zu können. Raniere, der 2021 zu 120 Jahren Gefängnis verurteilt wurde, startete mit Selbstfindungs-Workshops in Albany bei New York. Durch geschicktes Marketing akquirierte er zahlreiche reiche Frauen als Follower und Angestellte. Beispielsweise die beiden Töchter des Milliardärs Edgar Bronfman, deren Geld Raniere nutzte, um überall Tochterunternehmen aufzubauen. Wer die HBO-Doku *The Vow* anschaut, kann sich das Beuteschema dieses nur 1,70 Meter großen Spinners vor Augen führen: Rund 75 Prozent der Mitglieder sind Frauen, die aussehen, als ob sie, anstatt zu arbeiten, ausschließlich über die Sinnlosigkeit ihrer Existenz grübeln und Kräutertee schlürfen. Raniere verkehrte meist mit um die fünf Frauen als Intimpartnerinnen parallel, die sich geehrt fühlten die Kiste ab und zu mal mit ihm zu teilen. Sein Imperium kam zum Einsturz, als bekannt wurde, dass die Frauen des inneren Kreises wie Rinder gebrandmarkt wurden. Seine Initialen wurden mit einem heißen Eisen neben der Vagina eingebrannt. Raniere floh noch kurz nach Mexiko, wurde dort aber verhaftet und in die USA ausgeliefert.

Scientology ist da schon cleverer, denn die Sekte setzt nur auf Psychoterror, der ja schwerer zu beweisen ist. Von John Travolta bis Tom Cruise sind viele Promis Scientologen und versuchen, die negative PR abzumildern. Als ich 20 Jahre alt war, wurde ich in München auf der Straße angesprochen, um einen Test zu machen, der mir aufzeigen sollte, wie viel Prozent meines Gehirns ich denn täglich so nutzen würde. Ich war gerade in München angekommen, um bei der Filmhochschule um einen Studienplatz zu betteln, und da man mir ein Freigetränk garantierte, machte ich mit. In dem kleinen Büro absolvierte ich den Multiple-Choice-Test extrem schnell, um die Scheiße hinter mich zu bringen. Zu diesem Zeitpunkt (1985) kannte ich Scientology noch nicht, doch die Mitarbeiter kamen mir etwas seltsam vor. Ich erhielt mein Testresultat, und eine nette Trulla verkündete mir, dass ich nur 20 Prozent meiner Kapazität nutzen würde und nur, wenn ich ein Buch von L. Ron Hubbard kaufen würde oder sogar noch besser zu einem Seminar gehen würde, hätte ich die Chance auf ein besseres und erfolgreicheres Leben. Ich gratulierte ihr dazu, dass sie anscheinend 100 Prozent ihrer Kapazität brauche, um hier zu arbeiten und Leute zu belabern. Sie wurde extrem sauer und bat mich zu gehen. Das Buch kaufte ich auch nicht. Meine Begründung war, dass ich generell keine Bücher aus dem Bastei-Lübbe-Verlag lese.

Weiter zur Colonia Dignidad: Paul Schäfer aus dem Rheinland hatte schon in den 1940er-Jahren ein Herz für Waisenkinder und meldete sich bei kirchlichen Organisationen als Lehrer, Betreuer und Chorleiter. Als dann immer wieder herauskam, dass er den Kindern an und unter die Wäsche ging, wurde er erst verwarnt, dann gefeuert und musste schließlich sogar aus Deutschland fliehen. Allerdings reichte sein Ruf als Kinderschänder nicht bis nach Chile, denn dort erhielt er 1961 Unterstützung vom deutschen Botschafter, vom Diktator Augusto Pinochet und von der Kirche, um sich quasi eine eigene Ortschaft (die Colonia Dignidad) im Grünen aufzubauen. Das tat er dann auch mit deutscher Gründlichkeit. Diese Mini-Stadt wurde wegen ihrer Abgeschiedenheit später von Pinochet als Foltergefängnis genutzt, und als Gegenleistung wurde Schäfer geschützt. Er ließ Hütten und Brunnen bauen, Landwirtschaft betreiben, Konzerte geben und baute Krankenhäuser und Schulen auf – und tat all das nur, um an Kinder heranzukommen und sie zu vergewaltigen. Erst 2006, nachdem Pinochet weg vom Fenster war, wurde er verurteilt, und 2010 starb er mit 88 Jahren im Knast.

Rauschebart Bhagwan wurde nicht nur von den Beatles verehrt und hatte weltweit Millionen von Fans. Selbst in Köln gab es eine Bhagwan-Disco. Er war kein Vergewaltiger, aber hatte zig Geliebte, die ihm hörig waren. Er beutete seine Sektenmitglieder finanziell aus. 1985 wurde er in den USA verhaftet und zu zehn Jahren Zuchthaus verurteilt, die er aber nicht absitzen musste, weil er die USA verließ und dann mit nur 58 Jahren relativ jung starb. Er sah allerdings schon mit 45 so aus wie andere mit 70, also scheint seine Art der Meditation eher kontraproduktiv zu wirken.

Sein Yoga-Kollege und der Erfinder des Hot Yoga Bikram Choudhury liebte seine Rolls-Royce-Autokollektion und auch viele seiner Jüngerinnen, die im Bikini bei 50 Grad Celsius vor ihm (er meistens nur in Unterhose) ihre Verrenkungen praktizierten. Er hielt mit seiner Einstellung auch nicht hinter dem Berg, hier ein Originalzitat (zu hören in einer Netflix-Doku): »Ich sagte immer, ich mag kein kaltes Wetter, kaltes Essen, kaltes Herz und kalte Muschi.« Ab 2013 hagelte es Anzeigen wegen Vergewaltigung und wegen Betrugs, da er für seine Art des Yoga auch Franchise-Lizenzen vergab und die Lizenznehmer übers Ohr haute. Als er 2016 zur Zahlung von 7 Millionen Dollar verurteilt wurde, floh er über Nacht nach Indien – und zahlte: nichts. Bis heute ist er steinreich, gibt weiter Yoga-Kurse, verzichtet aber auf Reisen nach Nordamerika und Europa.

Auch die Türkei hatte einen Sex-Kult-Führer: Adnan Oktar, der 2021 zu 1.000 Jahren Knast verurteilt wurde, nachdem er über Jahrzehnte in der Türkei sogar eine TV-Show hatte und einen Harem aus hunderten meist blonden Sex-Bomben unterhielt.

Gäbe es den Sextrieb nicht, würden im Übrigen mindestens 80 Prozent der Männer und 80 Prozent der Frauen allein oder mit gleichgeschlechtlichen Partnern leben. Denn seien wir doch mal ehrlich, welcher Mann, der noch alle Tassen im Schrank hat, will denn *Pretty Woman* oder *Deutschland sucht den Superstar* sehen beziehungsweise sich überhaupt wirklich mit Frauen unterhalten? Dieses endlose Gelaber oder das Warten, bis die Holde sich vor dem Spiegel fertig gestylt hat, ist komplette Zeitverschwendung. Die Verkäufe von Duft-Räucherstäbchen, Kerzen, kleinen Nippes-Figürchen und tonnenweise Badezimmerutensilien würden auf null sinken, wenn es keine Frauen gäbe. Auch für Prosecco und etliche Modemarken wäre das Ende gekommen. Wenn ich allein wohnte, hätte ich ein Shampoo in der Dusche, eine Zahnpasta und eine Seife – Ende – und nicht noch den *Haar-Zaubertraum,* die *Dinkel-Natur-Spülung* oder ähnlichen Alnatura-Quatsch.

Und welche Frau will sich Fußball anschauen, über den Untergang der Menschheit reden, grillen oder *Fargo* binge-watchen? Der Kampf Aperol Spritz gegen Bier wäre entschieden und man käme sich kaum mehr in die Quere. Na gut, dass war jetzt ein Macho-Absatz – aber einer, an dem viel Wahres dran ist.

Eines der lehrreichsten Bücher meines Lebens war Hans Dollingers *Schwarzbuch der Weltgeschichte – 5000 Jahre der Mensch des Menschen Feind,* welches die gesamte Historie aus Sicht des Verbrechens und der Kriege schildert. Nehmen wir mal Spanien als Beispiel. Für uns ein Urlaubsland mit tollen Weinen, Stränden und Fußballvereinen. Handelspartner, NATO- und EU-Mitglied. Alles super. Tatsächlich war

Spanien noch bis Mitte der 1970er eine faschistische Diktatur, und erst ab den 1980ern eine Demokratie. Der Diktator Francisco Franco putschte sich mit Hitlers Hilfe schon in den 1930er-Jahren an die Macht, schaffte es jedoch während des Zweiten Weltkrieges nicht, offiziell in den Krieg zu ziehen, obwohl spanische Faschisten mit der deutschen Armee kämpften. Als dann Hitler und Mussolini tot waren und der Krieg zu Ende, blieb Franco einfach an der Macht, bis zu seinem Tod 1975. In all den Jahren wurden in Spanien Andersdenkende verfolgt, gefoltert und getötet, und die westlichen Demokratien akzeptierten das einfach. Es ist auch nahezu unglaublich, dass in den 1950er- und 1960er-Jahren in Spanien über 300.000 Babys direkt nach der Geburt für tot erklärt, ihren Müttern weggenommen und der Obhut der katholischen Kirche übergeben wurden, um sicherzustellen, dass sie zu guten Katholiken und Franco-Fans heranwachsen würden. Bis heute versuchen viele der Betroffenen ihre Mütter zu finden, und viele Mütter forschen nach, wo ihre Kinder sind. Also was ist Spanien wirklich? Super-Party-Malle oder eine unglaubliche Verbrechensgeschichte mit einer faschistischen Herrschaft bis in die 1980er?

Weil es sich im Kontext von »Geschichte und Gewalt« anbietet, möchte ich hier auch noch Gustavus Myers (1872-1942) *Das große Geld – Die Geschichte der amerikanischen Vermögen* erwähnen. Auf 900 Seiten schildert der amerikanische Historiker, wie die europäischen Staaten Amerika unter sich aufgeteilt haben. Alle großen Vermögen von Carnegie, Vanderbilt über Rockefeller und JP Morgan wurden über Mord und Totschlag erworben. Die Indianer wurden verdrängt, vergiftet, zu Alkoholikern gemacht und enteignet. Der weiße Trash aus Irland und Europa war den Mogulen nicht genug, so wurden Sklaven aus Afrika wie Amazon-Pakete geordert, ausgenutzt, vergewaltigt, gehängt und erniedrigt und müssen sich dann bis heute noch von vielen Rassisten als unerwünschte Einwanderer bezeichnen lassen. Unvergessen auch der Bürgerkrieg der Nord- gegen die Südstaaten, um die Sklaven zu befreien. In der Realität ging es wohl eher um Wettbewerbsverzerrung, denn der Norden musste ja Arbeiter bezahlen, während der Süden Sklaven ausbeutete. Die Besitzer Amerikas verdienten auf beiden Seiten mit, denn ihnen gehörten auch die Waffenfabriken und Werften, um Kriegsschiffe zu bauen. Als dann der Süden aufgab und die Schwarzen nun offiziell frei waren, bekamen sie trotzdem kaum Rechte, sondern blieben in ihren Hütten und Ghettos als Tagelöhner stecken. Dies war auch die Geburt des sensationellen privaten Gefängnissystems in den USA. Denn der Süden wollte natürlich nicht wirklich die Ex-Sklaven bezahlen. Also erließen sie Gesetze, die Schwarze diskriminierten, ihnen zum Beispiel verboten, den für Weiße vorgesehenen Bürgersteig zu benutzen. Brachen die Schwarzen diese Gesetze, so bekamen sie Gefängnisstrafen, und im Gefängnis wurden sie dann gezwungen, wieder mal die Baumwolle zu pflücken, die ihnen immer noch an den Fingern klebte. Bezahlung? Klar! Eine warme Suppe! Also eine echte Win-win-Situation.

In Kanada war es genauso, und es gibt auch ein Myers-Buch dazu. Der englische Adel gründete die großen kanadischen Handelsunternehmen (etwa die Hudson Bay Company, die es heute noch als Kaufhauskette gibt), die dann systematisch die Ureinwohner umbrachten. Sie verteilten scheinbar gutmütig die Wolldecken an die armen Ureinwohner, nur waren die Decken mit dem Pockenvirus infiziert und so wurden ganze Völker ausgerottet. Erst ab 1965 (meinem Geburtsjahr) durften Schwarze in den USA wählen, die Ureinwohner hingegen schon 1924, während in Kanada die Ureinwohner erst ab 1960 wahlberechtigt waren und bis dahin ausschließlich in Reservaten lebten – ohne dass ihre Kinder die Schulen besuchen durften. O Kanada!

Frauen durften übrigens in den USA ab 1920 wählen, in Deutschland ein Jahr früher.

Wenn man diese Bücher liest, ist man ruckzuck von meinem simplen Lebensmotto überzeugt: »Es gibt nichts, was zu erreichen wäre, außer dem Tod!« Aber bis es so weit ist: Lasst uns leben, und zwar nach dem Kant'schen kategorischen Imperativ: »Handle nur nach derjenigen Maxime, durch die du zugleich wollen kannst, dass sie ein allgemeines Gesetz werde.«

In simplen Worten: »Was Du nicht willst, dass man Dir tu, das füg' auch keinem anderen zu!«

Gilt für alles, deckt alles ab, und wenn sich alle dranhalten würden, dann hätten wir auf unseren Planeten viel weniger Probleme.

All das heißt: Man darf den Blick nicht abwenden und kann Geschichte nur wirklich verstehen, wenn man vollkommen wertfrei, wissenschaftlich und sachlich vorgeht. Die meisten Menschen sind dazu nicht in der Lage, stattdessen bringen sie stets ihre Gefühle ins Spiel, beziehen alles auf sich und pressen alles in den moralischen Rahmen, der ihnen antrainiert wurde. Nehmen wir doch mal die historische Funktion des Menschen; wie verhält sich der Mensch unter der Makrolinse? Diese Frage stelle ich oft anderen, die dann nicht in der Lage sind, mal das Große und Ganze zu sehen, sondern sofort Fragen des Glücks, der Erziehung, der Moral ins Spiel bringen.

Was macht der Mensch? Er/Sie wird geboren und stirbt. Der Zeitraum dazwischen ist sein/ihr Leben. Als nächstes könnte man hinzufügen: Er/Sie wird geboren, pflanzt sich fort und stirbt. Alles andere ist das individuelle »*Wie*«.

EINSCHUB: Der vorherige Absatz ist der einzige in diesem Buch, bei dem ich gendere, weil es hier passt. Ansonsten gilt: Generelles Gendern ist scheiße, lenkt vom Thema ab und interessiert keine Sau. Fast 80 Prozent der Bevölkerung sind gegen das Gendern, und trotzdem setzt sich in den Medien sowie in Lehre und Forschung die Minderheit durch. Birgit Kelle hat hierzu sehr schöne (aber zu lange) Bücher wie *Gendergaga* und *Noch Normal? Das lässt sich gendern* geschrieben, daher werde ich hier keine Zeit verschwenden, um groß angelegt gegen diese Auswüchse zu argumentieren.

Passend zum Lernen durch Wissenschaft und Fakten sowie aus der Geschichte und durch Erfahrungen aus Primär- und Sekundärquellen sollte man immer wieder mal einen Alltagsabgleich vornehmen. Die eigenen Erfahrungen prägen die Persönlichkeit, sie sollten aber eben nicht zum alleinigen Bewertungsmaßstab werden. Wie oft habe ich in den letzten zwei Jahren von Bekannten zunächst einen Satz wie den folgenden gehört »Ich kenne keinen, der Corona hat!« Und später folgte meist: »Ich kenne keinen in meinem direkten Freundes- oder Verwandtenkreis, der an Corona gestorben ist!« Ich kenne auch niemanden persönlich, der an Corona gestorben ist, aber ich würde deshalb die statistisch erwiesenen Fakten nicht in Frage stellen, dass es Corona gibt und dass allein in Deutschland über 110.000 Menschen durch und/oder mit Corona gestorben sind. Diesen Fehler machen aber viele und dies nicht nur beim Thema Corona – da wird von der eigenen kleinen Erfahrungswelt auf das Große und Ganze geschlossen, und dann wird diese Meinung verteidigt, während Fakten aus Wissenschaft und Forschung vollkommen ignoriert werden.

Zum Thema Corona komme ich später noch ausführlicher, zunächst etwas mehr über mich: Ich war in meinem Leben öfter in gefährlichen und auch gewalttätigen Situationen. Wahrscheinlich begünstigt durch meine langjährige Boxerfahrung bleibe ich normalerweise ruhig und konzentriert. Hinzu kommt, dass ich als sozialer Hilfsmann und Krankenwagenfahrer beim Zivildienst so einiges gesehen habe. Unter anderem musste ich Leichenteile eines vor den Zug gesprungenen Selbstmörders aufsammeln, sah Menschen im Beisein ihrer Angehörigen im Krankenwagen sterben – und noch einiges mehr.

In Kapstadt wurde ein Casting-Assistent beim Dreh meines Films *Darfur* mit einem Messer attackiert und überlebte nur knapp. Außerdem auf der Liste der dramatischen Erlebnisse: Schlägereien im Ring und auf der Straße. Einbrüche. Morddrohungen. Unvergessen sind die Explosionen bei *Bloodrayne 2*, wo eine halbe Westernstadt niederbrannte. Ebenso die Gasexplosion am letzten Drehtag von *Schwerter des Königs 2*, wo wir dann zehn brennende Opfer auf die Erde drücken mussten, um die Flammen zu löschen. Keiner starb, aber vier kamen mit Verbrennungen ins Krankenhaus und mussten operiert werden. Drei Stunden nach dem Unglück drehten wir den Film am selben Tag zu Ende.

Nachts in Durban, Südafrika, nur 10 Zentimeter von einer tödlichen Black Mamba entfernt zu stehen und sich nicht zu rühren, in der Hoffnung, dass sie weiterkriecht, ist fast Routine, wenn man auf der ganzen Welt über 20 Jahre Filme dreht. Einige dieser Storys stehen in meiner Filmbiographie *Ihr könnt mich mal!*

Da viele meiner Filme von Gewalt, Krieg und Amokläufen handeln, ist es wahrscheinlich gar nicht verwunderlich, dass ich tatsächlich keine besonderen Schwierigkeiten habe, mir reale oder fiktionale Gewalt anzusehen. Ich versuche Eindrücke aus tatsächlichen Gegebenheiten zu ziehen, und betrachte dieselben Situationen oft anders als meine Mitmenschen. So habe ich mir zum Beispiel in voller Länge und unzensiert ISIS-Hinrichtungen, Terroranschläge und andere Gewaltexzesse angeschaut. 20 Minuten, in denen Köpfe abgeschnitten werden, oder 30 Minuten, in denen ein Mensch verbrennt.

Warum ich mir das gebe? Weil ich stets auf der Suche nach Wahrheit bin und erfahren möchte, wie etwas tatsächlich aussieht oder abläuft. Ich suchte in den Gesichtern der Opfer, die meistens sichtbar unter Beruhigungsmitteln standen oder sich vollkommen depressiv aufgegeben hatten, die Wahrheit ihrer Gefühle. Und bei den Tätern versuchte ich zu erkennen, ob sie geübt waren in dem, was sie taten, oder unsicher. Also: Ob sie Angst hatten oder ihre Opfer hassten oder gefasst wirkten. Wie konnten IS-Anhänger, die oft ihr Leben lang in Europa gelebt hatten, Menschen den Kopf abschneiden, ihnen das Genick durchsägen. Fast alle waren ruhig in ihren Taten, weil sie ihre Opfer gar nicht mehr als Menschen sahen – so wie es auch bei Amokläufern der Fall ist. In ihrer Vorstellung dienten sie mit ihren Taten einer höheren Sache, und sie sahen sich dabei nur als die ausführenden Werkzeuge. Diese Entmenschlichung zieht sich bei allen großen Genoziden und auch bei kleineren Massakern wie ein Leitfaden durch die Weltgeschichte. Menschen sehen andere Menschen nicht mehr als Menschen, sondern als »Untermenschen«, Tiere oder sogar als Dinge, die es nicht verdienen, »menschlich« behandelt zu werden.

Als ich den Film *Darfur* mit tatsächlichen Opfern des Massenmordes im Sudan durch die Dschandschawid (Janjaweed) drehte, spielten diese Opfer nach, wie ihre Familien vor ihren Augen verbrannt, gepfählt, erstochen und erschossen wurden. Ich konnte aufgrund meiner eben beschriebenen Filmerfahrung die Opfer sehr gut verstehen und die Taten absolut realistisch nachstellen. Während Tiere nur töten, um zu essen oder sich und ihre Familie zu verteidigen (okay, Hauskatzen ausgenommen, denn sie sind brutale Mörder, wenn es um Mäuse und andere Opfer geht), tötet der Mensch aus hunderten von Gründen – und manchmal eben aus gar keinem beziehungsweise zum Spaß.

Von Leuten wie dem Ex-Söldner Maarten Goetze aus Südafrika erlernte ich auch die andere Seite der Medaille, nämlich wie man sich in kriegerischen Auseinandersetzungen gegebenenfalls retten kann. Durch Strategie, Psychologie und den richtigen Move zur richtigen Zeit. Erinnern Sie sich noch an das Buch und den Film *Der Todestrieb* des französischen Schwerverbrechers Jacques Mesrine? Er beschrieb, dass man zum Beispiel bei einer Entführung an Ort und Stelle brutal Widerstand leisten muss, um den Plan der Entführer über den Haufen zu werfen. Wenn man trotz vorgehaltener Waffe zuschlägt, ist so mancher Entführer vollkommen überrascht - denn er braucht einen ja lebend und möglichst unverletzt - und ein Entkommen ist nicht ausgeschlossen. Sobald man sich ergibt und quasi in die Obhut der Entführer begibt, verliert man die Kontrolle komplett und kann dann am Schluss (siehe Hans Martin Schleyer oder Aldo Moro) seine Exekution nicht verhindern. Maarten trainierte auch die jungen Schauspieler aus den USA für meinen Vietnam-Kriegsfilm *Tunnelratten*, und oft mussten die Jungs dabei im Dschungel auf einem Fleck fünf Stunden so geräuschlos wie möglich liegenbleiben. Der Feind hat nämlich Späher, hört jedes Geräusch und bewegt sich oft erst nach Stunden die nächsten 50 Meter vorwärts, denn anders als im Film geht es ja wirklich um Leben und Tod. Da hat man dann auf einmal alle Zeit der Welt. Und wenn man genau richtig liegt, laufen die Feinde einem tatsächlich direkt vor die Mündung.

Ich will ja hier kein Buch über Überlebenstraining und Krieg schreiben, aber ich habe mich tatsächlich mit der Materie Gewalt lange Jahre auseinandergesetzt. Nehmen wir mal den Journalisten Jamal Khashoggi, der von den Saudis in ihrem Generalkonsulat in Istanbul umgebracht und dann in praktischen Ziploc-Gefrierbeuteln in kleinen Köfferchen außer Haus transportiert wurde. Die Doku *The Dissident* zeigt sehr gut auf, wie die Tötung vonstatten ging. Am Anfang war Khashoggi noch voller Selbstbewusstsein. Dann erkannte er, dass sich die Situation zu seinen Ungunsten drehte. Er hatte sich sein Handy abnehmen lassen, war den Anordnungen der Konsulatsmitarbeiter zu lange gefolgt und hatte zwei Möglichkeiten, sich zu retten, verschlafen. Erstens hätte er aus dem Fenster springen oder sogar noch aus dem Raum und damit aus dem Konsulat weglaufen können. Vor der Tür wartete seine Verlobte und auch andere Passanten, und womöglich wäre dann den in die Türkei eingeflogenen Killern die Situation zu heiß geworden. Clever wäre es gewesen, wenn er mit seinem Handy alle im Raum gefilmt hätte, und zwar von Anfang an, und dies via Facebook als Livestream in die Welt gesendet hätte. Wenn er den Leuten gesagt hätte, dass er alles live überträgt, hätten sie ihn nicht mehr umbringen können und gehen lassen müssen. Das mag sich jetzt überheblich anhören; Aber wenn man vom Worst Case ausgeht, dann funktioniert man besser, wenn der Worst Case tatsächlich eintritt. Als Jan Böhmermann vor einigen Jahren juristischen Ärger mit Erdogan hatte, wollte ich ihm in Charlie-Hebdo-Manier zur Seite stehen und beleidigte Erdogan ebenfalls öffentlich. Und tatsächlich: Erdogan erstattete Strafanzeige gegen mich und schickte mir eine Einstweilige Verfügung. Ich hatte keine Chance und musste 4.400 Euro Strafe inklusive Rechtsanwaltskosten bezahlen. Ein Witz, denn Erdogan ist ja nun Mal ein mieser Diktator, aber zum damaligen Zeitpunkt standen fremde Staatsoberhäupter unter besonderem Schutz der deutschen Rechtsprechung. Der entsprechende Paragraph wurde mittlerweile abgeschafft. Damals war ich gerade auf Kinotour und erhielt mehrere Todesdrohungen von Türken. Sie schrieben auf Facebook, sie würden mich in einem der Kinos abfangen. Ich sah nicht ein, die Tour deswegen abzusagen, nahm lieber bei einigen Vorstellungen Bodyguards mit, die niemanden zu nahe an mich ranließen. Bei den restlichen Vorstellungen hielt ich die Augen offen und war bewaffnet. Zum Glück kam es zu keinem Vorfall, aber solange Erdogan die Türkei regiert, fliege ich nicht mehr hin.

Eines Nachts in Kapstadt hörte ich Geräusche an der Mauer meines gemieteten Hauses, also ging ich auf den Balkon. Zwei Schwarze waren im Begriff, über die Mauer zu klettern, und jeder in Südafrika weiß, dass Einbrüche dort oft mit einem Mord enden. Meine Frau und mein kleiner Sohn schliefen, und außer einem Messer hatte ich keine Waffe. Ich begann, auf dem Balkon sehr laut in mein Handy zu sprechen und beschrieb einer fiktionalen Polizei die beiden Einbrecher. Dann bestätigte ich meine Adresse und wiederholte was die Polizei mir sagte: »Ah ... good ... you are here in five Minutes. Perfect, see you soon!« Die Einbrecher hörten es – und hauten ab. Ich hatte geblufft, denn die Notrufnummern der Polizei in Südafrika sind weder 110 wie in Deutschland noch 911 wie in Nordamerika, sondern 10111 und 112. Davon hatte ich aber an jenem Abend noch keine Ahnung und daher auch niemanden erreicht.

Erinnern Sie sich noch an den Typen in Stuttgart, der mit einem Schwert seinen Beifahrer zerhackte, während zig Leute ihn dabei mit ihren Handys filmten – ohne dass einer raus ging, um das Opfer zu retten? Jetzt beurteilen wir die Situation doch mal ganz neutral: Wenn wir in Texas gewesen wären, wo viel mehr Leute Waffen tragen, wäre das Opfer vielleicht gerettet worden, denn möglicherweise hätte jemand den Täter erschossen. Ich wäre ohne Schusswaffe auch nicht rausgegangen und hätte geholfen, denn ein Schwert ist sehr schwer abzuwehren und ich wäre bei der Rettung des Opfers auf jeden Fall selbst verletzt worden, im schlimmsten Fall tödlich.

Also starb das Opfer, während seine Tochter noch hinten im Auto saß. Ich bin trotzdem nicht dafür, das amerikanische Waffenrecht bei uns einzuführen, und wir sehen ja auch jedes Jahr, dass es in den USA weit mehr Erschossene als in Europa gibt. Weil in den USA Waffen nicht mal in einem Safe gelagert werden müssen, gelangen sie oft in die Hände von Kindern und Jugendlichen, die sich dann aus Versehen selbst oder gegenseitig erschießen. Fakt bleibt aber trotzdem, dass in Notfällen (etwa im Falle des Messertäters aus Würzburg) eine Schusswaffe in den richtigen Händen Leben retten kann.

# POLITISCHE PRÄGUNG

Meine Eltern wählten ihr ganzes Leben SPD, und wie so viele wurde auch ich in meinem politischen Denken zunächst von meinen Eltern geprägt. Meine Mutter wählte SPD, weil mein Vater SPD wählte. Ihre Eltern wählten CDU, aber die Eltern meines Vaters wählten SPD. Mein Vater war Chemotechniker bei Bayer in Leverkusen und in den 1970er- und 1980er-Jahren meiner Jugend erreichte die SPD dort oft 50 Prozent und mehr. Als sich 1979 die Grünen formierten, war ich bereits 15 Jahre alt. Mir waren sie mit ihrer Straßenkämpfermentalität gegen Atomkraft, Brokdorf, Startbahn West erstmal sehr sympathisch, denn als Teenager ist man ja an Abenteuern und Action interessiert. Unsere Generation schaute sogar in der Schule Live-TV, als über den NATO-Doppelbeschluss (12. Dezember1979) abgestimmt wurde und auch als »Birne« Kohl das Misstrauensvotum gegen Helmut Schmidt (1. Oktober1982) gewann und ihm die Kanzlerschafft stahl. Ich war stinksauer – und es ging nicht nur mir so.

In den folgenden 40 Jahren wählte ich meistens SPD und Grün und drei- oder viermal auch gar nicht, weil ich nicht im Land war, keine Zeit hatte oder den Sinn nicht sah, mich zwischen Not und Elend zu entscheiden. Mit der eigenen Lebenserfahrung wurde mir im Laufe der Zeit klarer, dass die wirklichen Veränderungen auf dem Planeten meistens nicht durch Politiker entstehen, sondern diese immer nur dem folgen, was die Industrielobbys, die Naturgewalt oder neue Technologien vorgeben.

Parteigesteuertes Denken (die klassische Parteibrille) wurde mir über die Jahre immer fremder. Vorrangig durch Sachbücher und Artikel sowie Dokumentarfilme und auch dadurch, dass ich das Geschehen mit eigenen Erfahrungen und Überzeugungen abgleiche, komme ich heute zu ganz persönlichen Schlüssen, und wo diese parteipolitisch einzuordnen sind, ist mir egal.

Das spezielle Problem in Deutschland ist, dass nur kleine Parteisoldaten-Schleimer hochkommen und die Chance erhalten, Deutschland zu regieren und Ministerämter zu bekleiden. Wer hier nicht schon als Jugendlicher Plakate klebt und sich in den Jugendorganisationen tummelt, wird auch später in Landes- und Bundesverbänden ignoriert und niemals Minister werden. Dies gilt für alle Parteien und führt zu absurdem Pöstchen-Koalitionsgeschacher, wo dann Bankkaufleute Gesundheitsminister werden oder ein Arzt zum Wirtschaftsminister aufsteigt. Das ist in den USA wenigstens zum Teil anders. Nahezu alle US-Präsidenten haben immer wieder auch parteilose Spezialisten zu Ministern gemacht, weil diese eben aus der jeweiligen Branche kommen und die nötige Expertise mitbringen. Wir müssen uns in Deutschland ja nur unsere letzten Verteidigungsministerinnen ansehen und schon wissen wir, warum sich Deutschland international seit Jahren lächerlich macht. Weder von der Leyen noch Kramp-Karrenbauer haben jemals auch nur mit Knallplättchen-Pistolen gespielt. Deshalb würden wir auch gegen Luxemburg einen Krieg verlieren. Wir machen bei NATO-Manövern mit Stöcken statt Gewehren mit, haben Hubschrauber, die über dem Meer in fünf Minuten wegrosten, Gewehre, die bei Dauerfeuer schmelzen. Und dann geben wir auch noch 150 Millionen Euro zur Reparatur des Segelschiffes *Gorch Fock* aus, anstatt uns mal einen Flugzeugträger zuzulegen. Es tut dann gut, Prof. Dr. Karl Lauterbach als Gesundheitsminister zu haben, der sich nicht beim ABC der Medizin und des Gesundheitswesens einlesen muss.

Natürlich übertreibe ich in diesem Buch immer mal wieder, aber nur aus zwei Gründen: Das Buch behandelt ja wichtige und leider sehr deprimierende Thematiken, da sollte man doch zumindest zwischendurch unterhalten werden und etwas zum Lachen haben. Und zweitens wird in der Übertreibung eine Situation oft klarer, und der Kern kann herausgearbeitet werden. Eine meiner großen Stärken ist es, unangenehme Dinge auch gegen meine eigenen Interessen an- und auszusprechen und Situationen und Probleme auf ihre Essenz zu reduzieren. Und genau das versuche ich in diesem Buch und trete dabei wie immer vielen Leuten auf den Schlips.

Damit klarer wird, was ich meine:

»Ja, ich war auch schon im Puff!«

Mit so einer Aussage kochen sofort die Emotionen bei den Lesern hoch, denn Frauen wollen ja nicht, dass ihr Mann auch mal in den Puff geht, und Männer wollen nicht, dass ihre Frauen denken, sie gehen in den Puff. Trotzdem gehen täglich hunderttausende Männer zu Prostituierten. Also, liebe Frauen wacht auf, denn es gehen ja nicht jeden Tag dieselben Männer ins Bordell. Und beruhigt euch, denn es geht im Puff wirklich in den meisten Fällen nur um Triebreduktion, wie beim Wichsen. Es ist eben auch für viele Frauen lästig, dass viele Männer täglich können und wollen. Außerdem sollte man mal Ficken im Puff mit Tinder-Dates dahingehend vergleichen, dass es bei Tinder auch ums Vögeln geht, nur muss man vorher noch stundenlang essen gehen und labern, um sich hinterher einreden zu können, es ging gar nicht vorrangig um »das Eine«. Der Puff kostet Geld, aber er konzentriert sich auf den Kern der Sache. Ich selbst war nie auf Tinder, aber ich kenne einige, die quasi gar keine Beziehung mehr wollen, sondern das Prickeln des ewig Neuen bevorzugen und wöchentlich ein bis zwei Tinder-Dates durchziehen. Was daran moralisch besser sein soll, als kleinselbstständige Prostituierte zu unterstützen, bleibt dahingestellt. Um mich nicht falsch zu verstehen: Zwangsprostitution ist nicht zu akzeptieren und muss geahndet werden, aber die meisten der Prostituierten in Deutschland arbeiten freiwillig und legal in Bordellen, Saunaklubs und Massagesalons. Sie zahlen Steuern und werden regelmäßig vom Gesundheits- und Ordnungsamt überprüft. In Ländern, in denen Prostitution verboten ist (wie Kanada und den USA), gibt es natürlich trotzdem Prostitution, aber zumeist in dreckigen Hinterhöfen und Absteigen, und die Prostituierten sind oft Drogenabhängige und Obdachlose. Prostitution zu kriminalisieren führt zu einer deutlich schlechteren, ungesünderen und gefährlicheren Situation für alle Beteiligten.

Da ich dieses für viele Menschen brisante Thema hier angeschnitten habe, kommt es bei den Paaren, die mein Buch lesen, nun möglicherweise zu Zweifeln an Beziehungen und an der Treue des Partners sowie zu unangenehmen Diskussionen. Nun ja, es ist auch statistisch erwiesen, dass fast jede zweite Frau und jeder zweite Mann über die Jahre mindestens einmal oder sogar mehrfach fremdgehen.

Das Problem, das ich an dem Puff-Beispiel aufzeigen möchte, ist größer und hochpolitisch, denn wir alle ignorieren pausenlos Fakten, um die eigene Weltsicht so zu gestalten, dass sie uns passt, nicht wehtut und wir mit ihr leben können und durch den Alltag kommen. Wir verklären die Realität, sonst ertragen wir sie nicht, werden nervlich und emotional aufgefressen. Nach dem Motto: »Was ich nicht will, darf nicht sein!« Und wenn wir nun vom Puff zum Klimawandel springen, dann sind wir doch gleich bei dem Thema, auf das ich eigentlich hinauswollte.

# KLIMAWANDEL

Auszug aus *Der Spiegel* vom 28. Juli 2021:

»Deutliche Maßnahmen gegen den Klimawandel zu ergreifen, sei dringlicher denn je, heißt es in einem Papier von knapp 14.000« Fachleuten, die nun sofortige Veränderungen von der Politik fordern. Seit der ursprünglichen Erklärung des »Klima-Notfalls« 2019 hätten zahlreiche Ereignisse wie Flutkatastrophen, Waldbrände und Hitzewellen deutlich gemacht, welche Konsequenzen es habe, wenn auf der Erde einfach weitergemacht werde wie bisher, schreiben die Fachleute.

»Es gibt wachsende Anzeichen dafür, dass wir uns Wendepunkten von verschiedenen Systemen der Erde nähern oder diese sogar schon überschritten haben«, so Co-Autor William Ripple von der Oregon State University. Als Beispiele nannte er unter anderem das Abschmelzen der Eisdecke der West-Antarktis und Grönlands, aber auch die Situation im Amazonas-Regenwald, der sich vom Kohlenstoffspeicher zur Kohlenstoffquelle entwickelt. »Wir müssen unser Handeln rasch ändern, und Klimavorgaben sollten Teil der Corona-Wiederaufbaupläne sein, wo immer das möglich ist.«

Diese Auszüge aus dem Artikel fassen sehr gut zusammen, wo wir stehen: nämlich am Abgrund, und alle politischen Parteien inklusive der Grünen agieren nach dem Motto: »Ihr könnt so weiterleben wie zuvor und wir können trotzdem die Erde retten!« Das hört sich super an, hat aber mit der Realität nichts zu tun. Der Klimawandel ist fühlbar, seit langem und für uns alle, aber für die meisten hatte er noch nicht diese drastischen Konsequenzen wie für die Opfer der Flutkatastrophe im Jahr 2021 in NRW, Rheinland-Pfalz und Bayern, wo dann eben mal fast 200 Leute ertrunken sind und hunderte von Häusern und Autos et cetera komplett zerstört wurden. Auf einmal sitzt man in einer Turnhalle auf dem Feldbett und begreift, dass man noch Glück gehabt hat, obwohl alles Eigentum ausradiert wurde. Viele dieser Opfer werden die Flut trotzdem nicht im Zusammenhang mit dem Klimawandel sehen und glauben, sie hätten einfach nur Pech gehabt, genauso wie Opfer der Waldbrände in Kalifornien, Kanada, Griechenland oder der Türkei. Doch die Fakten liegen auf dem Tisch und lassen sich schon seit 30 Jahren nur noch von Lügnern, Betrügern und Idioten leugnen. Wir behandeln die Klima-Katastrophe nicht als Notfall, sondern nur die einzelnen Katastrophen, die der Klimawandel erzeugt. Zum Jahresende 2021 erschien bei Netflix mit *Don't Look Up* von Adam McKay mit Leonardo di Caprio, Jennifer Lawrence und Meryl Street in den Hauptrollen noch der passende Film zum Thema. Die Handlung: Ein Komet wird in sechs Monaten die Erde komplett zerstören, und die Politiker und Massenmedien versuchen, die Information herunterzuspielen, weil in drei Wochen Wahlen anstehen und es schlecht für die Einschaltquoten ist, wenn News zu negativ sind. Eine herrliche Satire auf Global Warming und unsere Nicht-Reaktion darauf. Leider komplett realistisch. Der Versuch, den Kometen noch im All abzufangen und zu zerstören wird verworfen, weil sich herausstellt, dass er sehr viel Geld wert ist und viele tolle Edelmetalle beinhaltet. Also überzeugt ein Tech-Milliardär-Typ à la Jeff Bezos und Elon Musk die USA, den Kometen lediglich in Stücke zu schießen, die dann allesamt als kleine Kometen auf der Erde einschlagen und eingesackt werden können. Das klappt aber nicht (kleine technische Probleme) und die Erde geht komplett unter – mit Ausnahme des Milliardärs, der mit einigen Getreuen rechtzeitig im Raumschiff die Erde verlässt. Wenn man sich die Space-Programme von Bezos und Musk ansieht, dann kann man davon ausgehen, dass beide von ungefähr so einem Szenario ausgehen. Zumindest davon, dass die Erde durch Global Warming unbewohnbar werden wird, denn warum sonst sind sie so hektisch dabei, für ihre Mars-Siedlung Baupläne zeichnen zu lassen?

Zwischen meinem fünften und 15. Lebensjahr konnte ich in meinem Heimatort Burscheid jedes Jahr mehrere Wochen unseren Waldweg im Eulenflug mit dem Schlitten runterfahren. Seit mindestens 20 Jahren ist dies pro Winter höchstens noch ein bis zwei Tage möglich, wenn überhaupt. Viele Wintersportregionen existieren nur noch dank Schneekanonen.

Satelliten-Bilder haben keine Emotionen. Die Pole und der Permafrost schmelzen und ich brauche hier nicht zu wiederholen, was tausende von Büchern, Studien, Reportagen und Filmen zusammengetragen haben. Es wird wärmer und wärmer und unsere Haltung, dass es für uns nicht unbedingt negative Konsequenzen haben wird, wenn Bangladesch irgendwann komplett absäuft, ist kindisch und wird auf brutale Weise bestraft werden. Holland und Miami und viele andere Städte und Länder werden auch absaufen und andere Länder, Landstriche und Städte werden wegen zu hoher Brandgefahr und nicht ausreichender Wasserversorgung aufgegeben werden. Gebiete, wo im Moment noch Milliarden Menschen leben. Diese werden sich dann in Flüchtlinge verwandeln, und es wird zu Kriegen und Gewaltexzessen kommen.

Man sollte denken, dass die Menschen durch die Corona-Pandemie und die Shutdowns begriffen hätten, wie schnell das bisher gekannte Leben vorbei sein kann, aber es sieht nicht so aus: Alle Parteien wollen den Bürgern lieber suggerieren, dass wir in unserer Schlafwagen-Republik die Welt retten können, wenn wir im gleichen Pippi-Tempo wie bisher weitermachen. Die im Pariser Klimaabkommen vom 12. Dezember 2015 beschlossenen Maßnahmen waren nicht ausreichend und kamen zu spät, und selbst sie werden von den meisten Ländern nicht erfüllt.

Die Wissenschaftler verzweifeln, denn die Politiker und die Bevölkerung denken und leben folgendermaßen: »Otto springt vom Empire State Building und ist nun am zweiten Stock angekommen. Er denkt sich: Bisher ist alles gut gegangen.«

Otto wird also im wahrsten Sinne des Wortes auf dem Boden der Tatsachen landen und ist dann genauso zermatscht wie die Katze, die er noch letzte Woche Dienstag mit seinem X5 bei Tempo 190 auf der A6 überfahren hat.

Und hier noch ein Zitat aus *Der Spiegel* vom 2. August 2021:

> »Weil es in Grönland ungewöhnlich warm ist, schmelzen dort Polarforschern zufolge jeden Tag acht Milliarden Tonnen Eis – das würde reichen, um ganz Florida fünf Zentimeter unter Wasser zu setzen.«

Ich empfehle auch, immer mal wieder die Seite des Umweltbundesamtes zu besuchen, um nachzulesen, wie die dort zumeist noch etwas »geschönten« Fakten aussehen (umweltbundesamt.de).

Die katastrophalen Ereignisse der letzten zwei Jahre werden auf der Seite noch gar nicht erwähnt. Das nun immer schnellere und weitere Abholzen und Abbrennen des Amazonas-Regenwalds oder die Waldbrände in Kalifornien kommen noch on top. Die Regierung versucht auf ihrer Website trotzdem bei der Wahrheit zu bleiben, ohne eine Massenpanik auszulösen, und hofft einfach, dass es keiner liest.

Eigentlich müsste die Welt nun zusammenrücken und mit allen Mitteln versuchen, das Klima zu retten. Also: die Emissionen aus dem Verbrennen von Öl, Benzin und Kohle so schnell wie möglich drastisch reduzieren. Stattdessen wird darüber zwar viel geredet, das Wirtschaftswachstum aber immer noch für wichtiger gehalten, als zu verhindern, dass die Menschheit früher oder später in einem Mad-Max-Szenario landet. Natürlich hat der Klimawandel nicht dieselbe Wirkung wie ein Atomkrieg und wird uns alle nicht innerhalb von vier Wochen auslöschen, und natürlich hat der Klimawandel unterschiedliche Auswirkungen je nach Ländern und Regionen. Sibirien zum Beispiel kann sich zunächst freuen, denn es wird wärmer und die dortigen Bauern werden bedeutend mehr pflanzen und ernten können. Und die Schiffsrouten nach Kanada sind alle eisfrei, aber wenn dann das Methan aus dem Permafrost ausströmt, wird es mit der Freude schnell vorbei sein. Ob da dann noch FFP2-Masken helfen oder schon Gasmasken ranmüssen, wird sich sehr schnell herausstellen. Viele Städte und ganze Länder werden unter Hochwasserproblemen leiden und unbewohnbar werden. Flutkatastrophen wie im Jahr 2021 wird es monatlich geben, und zwar auf allen Kontinenten. Hurrikane und Tornados werden nicht nur Nordamerika heimsuchen, sondern auch Europa und Asien. Dürren und Waldbrände werden große Teile aller Kontinente bedrohen und große Regionen für immer unbewohnbar machen. Schon dieses Jahr weigern sich amerikanische Versicherungen, Häuser von Malibu bis zum Napa-Valley gegen Brand zu versichern, was dann das Leben dort für mehr als 14 Millionen Menschen zum doppelten Risiko werden lässt. Denn erstens gibt es die alljährliche Gefahr, dass alles abbrennt, und zweitens kommt ab jetzt das Risiko dazu, dass man im Falle eines Falles seine Existenz und einen Großteil seiner Ersparnisse verliert.

Es werden in den nächsten 20 Jahren hunderte Millionen Menschen arm und obdachlos werden. Sie werden ertrinken, verbrennen, verhungern oder verdursten. Weitere hunderte Millionen werden zu Klima- und Wirtschaftsflüchtlingen. Vor allem aus Asien, Afrika und Süd-Amerika werden die Menschen abhauen wollen, wobei sie aber nun nicht mehr aus Krisengebieten in Wohlstandsgebiete kommen, sondern nach Europa oder Amerika, die auch gerade absaufen, austrocknen und verarmen. Da wird die Begeisterung keine Grenzen kennen, wenn es um Migranten geht.

Das ist ein zynisch-ironischer Satz, der einem jedoch im Halse steckenbleiben wird, wenn es so weit ist. Der Klimawandel wird nämlich die Demokratien schwächen und Diktaturen stärken, radikale Parteien in Europa an die Macht bringen, die individuelle Sicherheit der Bevölkerung verringern und in vielen Regionen Krieg auslösen. Wenn wir eine Hochwasserkatastrophe in Deutschland wie 2021 bekommen und dabei 100 Städte gleichzeitig absaufen, dann kommen eben der THW und Feuerwehr in manchen Regionen gar nicht mehr zu Hilfe. Und dann wird es auch kaum mehr Nothilfen geben, da die Mittel dafür fehlen. Wenn wir mit unseren eigenen Problemen kämpfen, schicken wir natürlich auch keine Hilfe mehr nach Afrika, wenn da die Kacke am Dampfen ist und Dürren zu massiven Hungersnöten führen, während gleichzeitig in anderen Regionen Überschwemmungen Leben bedrohen. Wir kommen dann weltweit in Szenarien nach dem

Motto »Hilf Dir selbst, sonst hilft Dir keiner!« Nur werden dann eben viele Menschen sterben, weil in vielen Ländern die Möglichkeiten zur Selbsthilfe nicht bestehen.

Wir haben nicht genug Strom, wenn wir Kohle und Atomkraft zu schnell abschalten. Also kaufen wir Atomstrom im Ausland. Damit belügen wir uns selbst. Wir können das Klima nur durch weltweite Maßnahmen retten, und das wird nur klappen, wenn wir China, Indien und anderen Billiglohnländern weniger Aufträge geben und mehr Zölle draufschlagen, denn sonst werden diese Länder ihre Strategie nicht ändern. Die Kinderarbeit für europäische und amerikanische Textil- und Schuhhersteller in der Dritten Welt verschmutzt das Wasser und erzeugt große Mengen an Müll und muss verboten werden. Nur wenn diese Länder schrumpfen, gibt es eine Chance, das 1,5-Celsius-Maximal-Erwärmungs-Ziel auch nur annähernd zu erreichen. Der Weltrettungsumschwung muss gemacht werden, aber wir müssen uns im Klaren sein, dass unser Leben dann ähnlich wie im Corona-Lockdown ablaufen wird. Die Inflation steht im Lebensmittelbereich sowie bei Öl und Gas schon bei über 10 Prozent und die Löhne steigen deutlich weniger, also werden alle den Gürtel enger schnallen müssen und Familien mit 80.000 Euro Jahreseinkommen oder weniger müssen dann eben weniger Fleisch essen, ein Auto verkaufen und auch weniger in Urlaub fliegen, weil sie es sich nicht mehr leisten können. Das sagt keine politische Partei, aber so ist es nun mal. Die Wirtschaft und auch die Weltbevölkerung (Geburtenkontrolle) muss mittelfristig schrumpfen, sonst sterben Milliarden Menschen bei Feuern, Dürren und in den Fluten und in 50 oder 60 Jahren sogar wir alle vielleicht an Sauerstoffmangel. Der Umschwung auf »Null Emission« wird zwar auch neue Jobs und Technologien schaffen, aber bedeutend mehr Leute werden ihre Arbeit zunächst verlieren.

Allerdings: Die Politik wird diesen Weg nicht gehen, sie wird weiter versuchen, klimaneutral zu werden, ohne den allgemeinen Lebensstandard herunterzuschrauben. Die Regierung hat zu Recht Angst, dass radikale Parteien ans Ruder kommen, wenn es 50 bis 70 Prozent der Bevölkerung immer schlechter geht. Daher vertreten Regierungen in erster Linie ihre eigenen Machtinteressen, nicht aber die Interessen der zukünftigen Generationen. Wir werden also unweigerlich ins ökologische Chaos rutschen und wir alle werden in den nächsten 20 Jahren mehr und mehr katastrophale Klimafolgen zu spüren bekommen. Hunderte von Millionen werden daran sterben und 80 bis 90 Prozent der Weltbevölkerung werden wirtschaftlich schlechter dastehen und in ihrer persönlichen Freiheit eingeschränkt.

Um unser unlogisches Verhalten zu erklären, müssen wir im Folgenden einige Thematiken einzeln betrachten, die historisch im Wechselverhältnis für die Prägung des Menschen verantwortlich sind.

# RELIGION, KIRCHE, ADEL, SEKTEN, NEW AGE UND ANDERER BLÖDSINN

Der Adel und die Religion sind von Menschen erfunden worden, um andere Menschen zu unterdrücken und auszunutzen.

Die Staatsform der Monarchie wurde und wird aus drei Gründen gerechtfertigt:

1. Religiöse Vorstellungen (Gottesgnadentum, Abstammung des Königs von Gott).

2. Charismatische Vorstellungen (Heils- und Überlegenheitsgaben des Königs).

3. Unantastbarkeit des Erbrechts.

Kurzum: Es ist ein Skandal, dass auf der Welt noch Adelstitel existieren. In Deutschland gibt es über 1.000 Adelsfamilien.

Rod Steiger sagte dazu im Film *Hotel International*: »Vor Jahren waren Leute prominent, weil sie so geboren wurden! Ich hoffe auf die Zeit, in der Leute prominent sind, weil sie es verdient haben!«

Diese Zeit ist jetzt gekommen. Also bitte die Queen und das ganze Gesocks enteignen und zu Amazon-Paketboten umschulen lassen. Die Boulevard-Berichterstattung über Harry, Meghan, William, Kate, den holländischen Königshof und Juan Carlos komplett einstellen. Dann können all die Schaumburg-Lippes und Hohenzollerns und wie die ganzen Spinner heißen, endlich bürgerliche Namen wie Erwin Schmidt und Edeltraut Müller annehmen.

Der Adel hat zwar schon viel Einfluss verloren, aber trotzdem unglaublich viel Geld und Land behalten. Es ist an der Zeit, dem Adel die idiotischen Titel komplett abzunehmen. Es gibt darüber hinaus nichts, das es rechtfertigt, dass der Adel nicht enteignet wird.

Ich bin überzeugter Atheist. Religion ist eine von Menschen erfundene Kontroll- und Unterdrückungsmöglichkeit anderer Menschen. Es gibt Belege, dass schon vor 4.500 Jahren Formen von Religion existierten, seit ca. 3.500 Jahren gibt es den Hinduismus, seit 2.600 den Buddhismus, seit ca. 2.500 Jahren das Judentum, seit circa 2.021 Jahren das Christentum und seit circa 1.372 Jahren den Islam.

Gott ist von Menschen erfunden. Natürlich ist Religion erlaubt, denn Bücher wie *Harry Potter* sind es ja auch, und es ist verständlich, dass viele Menschen grundlegende Fragen und Gefühle durch Religion erklären wollen. »Wo kommt alles her, die Welt, die unsterbliche menschliche Seele?« Diese und ähnliche Quatsch-Fragen werden ins Feld geworfen, aber es gibt und gab nun mal keinerlei Wunder oder Gottesbeweise und es gibt auch keinen Grund, einem »Gott« in irgendeiner Form zu dienen oder auf Päpste, Bischöfe, Imame, Priester, Sektenführer und sonstige zumeist sexuell und/oder anderweitig Gestörte zu hören. Es ist an der Zeit, diese historisch und juristisch überführten Verbrecherorganisation abzuschaffen. Und damit sind alle Religionen gemeint.

Die Erde gibt es per Urknall, Leben entstand mittels Zellen und Evolution und unsere »unsterbliche« Seele ist mausetot, sobald das Gehirn und das Herz abgeschaltet sind beziehungsweise tatsächlich den Geist aufgeben.

Natürlich sind mindestens 30 Prozent der Europäer genau meiner Meinung, haben aber Angst, die »Gefühle der anderen« zu verletzen, oder sagen, dass Religion Privatsache ist. Wir können es uns aber nicht mehr leisten, auf Hilfe von oben zu hoffen. Und von daher können wir es uns auch nicht mehr leisten, dass uns Politiker regieren, die keine Atheisten sind. Denn nur wir Atheisten wissen, dass wir auch zu 100 Prozent für alles verantwortlich sind, was hier auf dem Drecksklumpen Erde passiert.

Die Leute bezahlen Geld, Steuern und/oder spenden für eine unlogische Institution, die von der Unsicherheit der Dummköpfe lebt. Das meiste Geld der Kirche geht für ihre eigene Bürokratie und ihre oftmals pompöse Selbstverwaltung drauf. Die Kirche hat in ihrer Vergangenheit viele Fehler gemacht und Verbrechen begangen. Sie gehört abgeschafft, aber nicht per Dekret, sondern weil die Menschen den Bullshit durchschauen.

Jeder sollte sich fragen: Warum bin ich religiös? Und mindestens 90 Prozent würden sagen: Das liegt an meiner Erziehung, an meinen Eltern und so weiter. Keiner wird sagen, er habe seine Religion nach einer genauen Analyse, quasi nach einer Art »Faktencheck« entdeckt. Tatsächlich gibt es keinerlei Beweise, dass es einen Gott gibt, und weil das so ist, liegt die Wahrscheinlichkeit für dessen Existenz eben nicht bei 50:50, sondern bei 0:100. Glaube ist eine Tradition, etwas, das von Generation zu Generation weitergetragen wird. Glaube ist aber auch ein Irrtum, den man selbst korrigieren muss. Das hat nichts damit zu tun, dass viele Kirchen auch sehr viel Gutes tun und dass in der Bibel viele Wahrheiten und gute Handlungsanweisungen stehen. Es geht um den Grundgedanken, und der war eben falsch. Es wurde ein Gott geschaffen, damit bestimmte Leute (Priester, Imame et cetera) so tun konnten, als stünden sie diesem Gott näher. Tatsächlich ging es denen, die sich als Bindeglied zwischen einem Gott und dem Volk aufspielten, um Macht und Unterordnung.

Ein häufig genutztes Argument der Betbrüder ist, dass die Kirchen so viele gute Dinge tun und sozial engagiert sind. Das stimmt auch teilweise, aber entscheidend ist hier doch: Warum haben die Kirchen so viel Geld für ihr Handeln? Weil sie es als Spenden, Steuern und Vermögens-Erlösen einkassiert haben, und ein großer Teil des Vermögens wurde durch Unterdrückung, Mord, Eroberung und Diebstahl vor hunderten von Jahren eingesackt. In den Kolonien in Afrika und in Nord- und Südamerika hat die Kirche ganze Völker ausgerottet, versklavt und gefoltert, hat alle, die im Weg waren, umgebracht, Hexen verbrannt und Kinder vergewaltigt. Der Missbrauchsskandal in der katholischen Kirche ist immer noch nicht Vergangenheit, und in Kanada wurden 2020 und 2021 hinter kirchlichen Internaten hunderte von Kinderleichen ausgegraben – bis in die 1970er-Jahre hinein umgebracht durch Lehrer und Priester. Im Oktober 2021 wurde dann auch aus Frankreich berichtet, dass katholische Priester in den 70 Jahren zuvor mindestens 216.000 Kinder missbraucht haben soll.

Der Hauptgrund für diese Perversionen ist die Unterdrückung der Sexualität in der katholischen Kirche, die ähnlich wie bei den Islamisten zur Verkümmerung jedes moralischen Kompasses führt.

Es ist eine Katastrophe, dass weltweit sowohl hochrangige Richter (etwa der Supreme Court in den USA, wo mittlerweile die Hälfte der Richter katholisch-faschistisch-rassistische Abtreibungsgegner sind, die am liebsten auch Schwarzen und Frauen das Wahlrecht wieder entziehen wollen) als auch die Mehrzahl der Politiker immer noch sehr religiös sind.

Ich habe wie gesagt schon oft Hinrichtungen des IS und der TALIBAN gesehen, unzensiert. In einem Video wurde ein Mann geköpft, nach minutenlangen Diskussionen. Einem anderen Mann wurden Arme und Ohren abgeschnitten, und dann wurde er zum langsamen Ausbluten in der Steppe zurückgelassen – alles natürlich religiös schriftlich gerechtfertigt. Oder einer iranischen Frau wurde mitten auf einer Verkehrskreuzung nach minutenlanger Diskussion der Kopf abgeschlagen.

Sowas haben Christen auch jahrhundertelang getan, aber heutzutage haben die Islamisten quasi das Monopol auf solche perversen Akte.

Einer der größten Fehler ist unser Respekt vor Religion und Glauben. Gott gibt es nicht, und Religion ist als Kontrollorgan von Menschen geschaffen wurden. Also Fuck den Glauben, die Religion und die ganze idiotische Scheiße. Ich bin überzeugt, dass Religion tatsächlich die Wurzel allen Übels ist. Und dabei meine ich alle Religionen. Atheismus ist die einzige logische Herangehensweise an die Realität, also sollten wir konsequenterweise die Kirchensteuer abschaffen, die Religion aus den Schulen verbannen und daran arbeiten, diesen historischen Irrweg in ein bis zwei Generationen zu beenden. Das bedeutet ja trotzdem nicht, dass man für sich persönlich der Natur einen Namen gibt und ganz tief in sich selbst manchmal den Wunsch ausspricht: »Lieber, lieber Gott, lass mich doch bitte im Lotto gewinnen!«

# DEUTSCHE POLITIK

Die deutschen Parteien werden sich wohl kaum kritisch mit Adel, Religion und Co. auseinandersetzen, denn die deutschen Politiker haben sich immer dann am längsten gehalten, wenn sie im Prinzip gar nichts veränderten und nur auf Ereignisse reagierten.

Bevor wir in die Feinheiten der Politik einsteigen, hier der Hauptpunkt vorab: Während sich in der Industrie immer sehr schnell Ideen, Technik und Innovationen durchsetzen, weil die Unternehmer und ihre Angestellten auf den Markt sowie auf Bedürfnisse und Wünsche unmittelbar reagieren müssen, passiert in der Regierung zu wenig, und das, was passiert, passiert zu langsam. Diese Tendenz ist sehr einfach zu erklären, denn in Deutschland wird man nur Politiker, wenn man:

1. Nichts zu ficken hat.

2. Langsam, fett und/oder hässlich ist und deshalb viel Zeit übrig hat.

3. Und genau wegen Punkt 1 und 2 schon sehr früh in eine Partei eintritt und sich intern hochschleimt, Plakate klebt, in stickigen Kommunalverbandssitzungen über die Öffnungszeiten der Stadtbibliothek debattiert und jahrelang unscheinbar auf seine Chance wartet.

So und nur so wird man in Deutschland Bundestagsabgeordneter und/oder Minister.

Philipp Amthor, Angela Merkel, Armin Laschet, Renate Künast, Beatrix von Storch, Peter Gauweiler, Hans-Georg Maaßen, Helge

Braun, Peter Altmaier, Olaf Scholz – ein Blick reicht und man weiß in jedem der Fälle, wie sehr ich mit den Punkten 1, 2 und 3 Recht habe. Ein Kevin Kühnert kennt doch gar kein wirkliches Leben. In der mehrteiligen TV-Reportage über ihn bekommt man den Eindruck, seine Eltern hätten ihn mit drei Jahren in der SPD-Parteizentrale abgegeben. So einer fühlt sich nur wohl, wenn er in einem Hinterzimmer Twitter-Meldungen fabriziert, um im politischen Ränkespiel aufzusteigen. Er oder auch der neue CDU-Vorsitzende Friedrich Merz stehen für nichts, denn all ihre Energie geht für innerparteiliche Machtkämpfe drauf.

In anderen Ländern hingegen werden oft Experten vom jeweiligen Präsidenten in Ministerämter geholt, in den USA sogar oft Parteilose (Hauptsache reich ist da die Devise). Dies ist in Deutschland undenkbar, schließlich würde anschließend keiner mehr Punkt 3 auf sich nehmen und das ganze System fiele in sich zusammen. Das Problem: Leider können wir mit dieser Art Mensch die Zukunft nicht bewältigen. Unsere Politiker sind nicht besonders helle, schauen nur auf die nächste Wahl, sind angstgesteuert und zu sehr mit ihrer Positionssicherung beschäftigt. Das wird nicht dazu reichen, um unseren Wohlstand zu sichern, es wird nicht einmal reichen, um unser Überleben zu gewährleisten. Oder andersrum: Wenn wir keine anderen Politiker oder sogar andere Parteien (siehe Macron in Frankreich, der mit einer komplett neuen Partei die Wahl gewonnen hat) regieren lassen, dann ist Schicht im Schacht.

80 Prozent der Wähler haben am 26. September 2021 nach dem Motto »Not gegen Elend« gewählt. Niemand aus meinem Freundes- und Bekanntenkreis war wirklich von einer Partei oder einem der Kanzlerkandidaten überzeugt. Die letzten acht Jahre unter Merkel erinnerten bereits an *Und täglich grüßt das Murmeltier*, und dann kamen Corona, das Hochwasser und der Rückzug aus Afghanistan, und uns allen wurde klar, dass wir komplett am Arsch sind. Deutschland verschwindet mit Pleiten, Pech und Pannen in der Bedeutungslosigkeit. Einzig die deutsche Wirtschaft hält die Fahne hoch und erzeugt ein Bruttosozialprodukt, das weiterhin zu Rang 4 reicht, aber wenn es um

Ranglisten zu den Themen Digitalisierung, Klimaschutz, Abbau von Bürokratie, Impfquote oder Qualität der Schulbildung geht, schafft es Deutschland meist nicht mal in die Top 20. Wir bauen Sirenen ab, die die Bevölkerung im Katastrophenfall warnen können, und ersetzen diese durch: nichts. Bei der Überschwemmung im Ahrtal hat das Menschenleben gekostet und jetzt bei der Gefahr eines möglichen Krieges in Europa durch eine Eskalation des Russen-Ukraine-Krieges könnte dies katastrophal enden. Nur so am Rande: während die Schweiz im Falle einer Bombardierung für über 90 Prozent der Schweizer Bunkerplätze hat, hat Deutschland fast überhaupt keine Bunkerplätze mehr.

Im Januar 2022 wurde ein Bericht über den Zustand der Staatsanwaltschaften in Berlin veröffentlicht, der die Situation in allen Ämtern perfekt spiegelt, denn es gebe zwar inzwischen Laptops für die Staatsanwälte, aber zur Wirklichkeit gehört auch dazu, dass sie damit nicht ins WLAN-Netz gehen können, sondern das Ganze über einen Mobilfunkbetreiber läuft. Sie haben oft schlichtweg keinen Empfang und oft wird das Internet ab 17 Uhr wegen Wartungsarbeiten komplett abgestellt.

Da wundert man sich nicht mehr, warum viele Verbrecher munter und unbestraft ihrer Berufung nachgehen können. Wir finden aus Datenschutz-Gründen keine Senioren, die wir zuerst impfen müssten, und lassen dann die Gesundheitsämter alle Menschen anrufen, die altmodische Namen wie Erna und Manfred haben. So hießen meine Eltern, die kurz vor Corona gestorben sind und zum Glück diese Scheiß-Zeit nicht mehr mitmachen mussten. Wir schalten Atomkraftwerke ohne Not ab, obwohl wir eigentlich zuerst die Kohlekraftwerke dringend abschalten müssten. Brücken zerfallen und legen Städte jahrelang lahm oder schicken diese in den Verkehrskollaps (zum Beispiel: A1 – Leverkusen, A3 – Zoobrücke Köln, Eisenbahnbrücke Wiesbaden). Und Schulen haben weder Internet noch Toiletten, sondern nur Dixie-Klos.

Unser Militär agiert mangels Ausrüstung hilflos. Die Mafia wäscht ihr Geld in Deutschland. Zehn Millionen Deutsche sind vollkommen durchgeknallte Impfgegner, Reichsbürger, Querdenker und Faschisten, die immer aggressiver werden. Und wir haben Politiker, die so tun, als ob sie mit all dem nichts zu tun haben, nie Fehler zugeben und trotz vollkommender Unfähigkeit und dem Verbrennen von Steuergeldern ewig im Amt bleiben.

Und hier das amtliche Endergebnis der Bundestags-Wahl 2021:

SPD 25,7 %, CDU 18,9 %, GRÜNE 14,8 %, FDP 11,5 %, AfD 10,3 %, CSU 5,2 %, DIE LINKE 4,9 %, SSW 0,1 %, Sonstige 8,6 %. Die Sonstigen sind sehr stark angestiegen und deshalb schauen wir da mal ins Detail, denn es zeigt ja eine Zersplitterung der Bevölkerung: Die Partei von Martin Sonneborn blieb bei 1 Prozent, so wie 2017. Die Freien Wähler kamen aus dem Nichts auf 2,4 Prozent. Die Tierschutzpartei lag bei 1,5 Prozent und die Verschwörungstheoretiker von der BASIS stiegen ebenfalls von null auf 1,4 Prozent. Deutschland nach der Ära Merkel hat nach diesem Ergebnis eine Koalition der Mitte aus drei Parteien bilden müssen (SPD, Grüne, FDP). Was bedeutet: Bis zur nächsten Wahl werden die Rechten stärker werden, da ja die CDU im Prinzip der SPD ähnelt und eigentlich auch Mitglied der Ampel sein könnte.

Bei der Ministervergabe wurde wieder auf Absprachen und parteipolitische Drucksituationen reagiert und die Qualifikation rückte oftmals in den Hintergrund – man kennt es. Ein Landwirtschaftsspezialist wie der Biologe Anton Hofreiter von den Grünen wurde dann im letzten Moment doch nicht Landwirtschaftsminister. Stattdessen kam der Sozialpädagoge Cem Özdemir zum Zug.

Vor der Wahl ist bekanntlich nicht nach der Wahl. Mein Eindruck nach einigen Monaten: Die meisten Minister und unser neuer Bundeskanzler Scholz sind ganz froh, dass wir von einer Corona-Welle zur nächsten schwimmen mussten, denn so müssen sie nicht wirklich regieren und ihre Versprechungen tatsächlich umsetzen. Scholz und Baerbock reisen durch die Gegend und stellen im Ausland sicher, dass bei uns alles so weiterläuft wie bisher. Baerbocks sehr hölzernes Englisch wirkt nicht unbedingt so, als hätte sie zwei Jahre an der London School of Economics studiert. Hoffnungen, Scholz würde sich vom Schlumpf zum charismatischen, JFK in den Schatten stellenden, Anführer entwickeln, wurden enttäuscht. Nein, unser Kanzler bleibt bei seinem sinnentleerten, langweiligen Gefasel. Noch dazu scheint die schlimmste Vorahnung Wirklichkeit zu werden: Scholz hat von Merkel gelernt und ihren Stil 1:1 übernommen. All die Skandale (Cum-Ex, Geldwäsche und Wirecard), die er als Hamburger Bürgermeister und Finanzminister mitmachte, saß er schweigend aus. Nur durch den Ukraine-Krieg wird die Regierung im Februar 2022 zum Umdenken gezwungen. Der einzige Minister, der tagsüber arbeitet, tatsächlich Dinge entscheidet, sich mit der Realität auseinandersetzt und nachts trotzdem weiter in Talkshows sitzt, war bis zum Ukrainekrieg Gesundheitsminister Karl Lauterbach, nun ist die gesamte Regierung gefordert: Öl- und Gaskosten explodieren, Flüchtlinge aus der Ukraine strömen ins Land, und der Krieg an sich darf nicht auf die NATO überspringen, obwohl man der Ukraine helfen muss.

Zum Thema »vor ist nicht nach der Wahl« gibt es einen super Witz: Angela Merkel stirbt, und kurz vor dem Tod taucht der Erzengel Gabriel vor ihr auf und fragt sie: »Angela, Angela! Du kannst jetzt wählen. Willst Du in die Hölle oder in den Himmel?« Und Merkel antwortet: »Och, wenn ich wählen kann, dann würde ich schon den Himmel bevorzugen!« Der Erzengel nickt, und schon ist sie tot. Sie wacht auf, und ein dunkles großes Tor öffnet sich. Sie geht voran und sieht Leute, die wie Sklaven arbeiten, und Menschen in Kochtöpfen. Kurzum: Es sieht aus wie die Hölle. Sie sagt besorgt: »Das sieht aber hier gar nicht aus wie der Himmel?« Und der Erzengel antwortet: »Vor der Wahl ist nicht nach der Wahl!«

# MEINE EIGENE KURZE POLITISCHE KARRIERE

Ich bin jemand, der direkte Erfahrungen bevorzugt, um sich eine Meinung zu bilden. Die Martin-Sonneborn-Partei Die PARTEI sprach mich vor rund sieben Jahren an, ob ich nicht ihr Spitzenkandidat in Mainz werden wollte. Ich hatte mit Die PARTEI vorher einige lustige Wahlwerbespots gedreht und daher dachten sie wohl, ich stünde ihnen nahe. Da ich ein Freund von Satire bin, nahm ich den Vorschlag an und sah mich schon als Bürgermeister von Mainz mit eisernster Hand regieren. Bei einem Parteitag wurde ich fast einstimmig nominiert. Kurze Zeit später las der Partei-Vorsitzende von Rheinland-Pfalz ein Interview mit mir, in dem ich mich kritisch zu Islamisten ausgelassen hatte, und schon kam eine lustige geschriebene Abberufungs-E-Mail: Meine Nominierung sei quasi ein Aprilscherz gewesen und nun solle doch jemand anderes als Kandidat aufgestellt werden.

Circa ein Jahr später wurde ich von einem Bekannten auf die neue Mini-Partei Das Haus Deutschland (DHD) aufmerksam gemacht, die auf ihrer Website viele Dinge zum Thema Tier- und Naturschutz schrieb, die mich ansprachen. Da ich zu diesem Zeitpunkt kaum in Deutschland war, sondern in Vancouver lebte, nahm ich an internen Diskussionen der DHD per Whatsapp-Chat teil, und wir schraubten an einem Parteiprogramm herum. Es gab zu diesem Zeitpunkt fünf oder sechs aktive Mitglieder und weitere 50 eher passive. Ich fand es interessant, die Bedürfnisse, Wünsche und Hoffnungen der Mitglieder zu studieren. Der Parteivorsitzende ist Taxifahrer. Der Stellvertreter Bauarbeiter. Ehrliche Charaktere, die vor allem der Arbeiterschaft und der Natur helfen wollen. Bei einem Deutschlandbesuch kam ich zu einer Versammlung und wurde zum Sprecher des Vorstandes gewählt. Das löste aber nicht das Problem, dass die DHD zu klein war und auf keinem Wahlzettel auftauchte, weil niemand in der Lage war, 4.000 Unterschriften zu sammeln. Ohne 4.000 Unterschriften von Supportern werden Parteien in Deutschland von den Wahlzetteln ferngehalten. Kurze Zeit später faltete ich in einem meiner YouTube-Videos den Verschwörungstheoretiker und Mannheimer Schwulstsänger Xavier Naidoo zusammen und wurde dafür vom Vorstand zur Sau gemacht. Ich trat noch am selben Tag aus, da ich mich nicht zensieren lasse und es eigentlich überhaupt nicht begreifen konnte, wie jemand nicht derselben Meinung sein konnte. Die DHD driftete dann anscheinend ins Xavier-Naidoo-Lager ab, und ich beschäftigte mich nicht mehr mit ihr. In einem späteren Presse-Shitstorm gegen meinen *Hanau*-Film (davon später mehr) versuchte dann ein Cancel-Culture-Mob, mich in die rechte Ecke zu stellen, weil die DHD inzwischen offenbar einen Rechtsruck durchgemacht hatte und ich ja zu den Partei-Anfängen mit von der Partie gewesen war.

Diese Direkt-Erfahrungen waren wichtig, denn sie zeigen mir nochmal auf, wie es in der Parteien-Demokratie läuft. Die Partei ist ein Sonneborn-Vehikel mit vielen ehrenamtlichen Parteisoldaten, die es Sonneborn ermöglichen, sehr solide in Brüssel zu leben und sich einen super Rentenanspruch zu sichern. Neben den etwa 9.000 Euro Gehalt im Monat als Abgeordneter des EU-Parlaments gibt es fast 350 Euro pro Tag zusätzlich dafür, dass man in Brüssel wohnt. Plus Reisekosten und Spesen, Dienstfahrzeuge, Büros und Angestellte. Das läppert sich. Eine Partei, in der ich selbst der »Sonneborn« wäre, könnte ich mir gut vorstellen, da ich mich ja eher als Führer und nicht als Folger (frei nach Rammstein) verstehe.

Bei der DHD ist es so wie bei fast allen Kleinstparteien: Es geht nicht um das Erlangen von politischer Macht, denn im Grunde wissen alle Aktiven, dass die jeweilige Partei nie in den Landtag oder Bundestag einziehen wird. Es geht um das Gefühl, gehört zu werden, zu diskutieren und eben nicht nur einem Beruf nachzugehen und sich um die Familie zu kümmern. Die politische Aktivität gibt das Gefühl, etwas zu tun, statt beim Grillen über das Versagen der etablierten Parteien zu lamentieren. Wie stolz bei Demos die Sprecher sind – bloß, weil sie vor fünf Zuhörern ihre Meinung sagen dürfen. Das ist einerseits gut, aber eben auch sehr traurig, denn so eine Rede wird nichts verändern. Aber wie gesagt: Es geht ja um das Gefühl.

Bei den großen Parteien ist es anders, denn da hat man die realistische Chance auf politische Macht, aber eben nur, wenn man sich 10 bis 30 Jahre (je nach Leidensfähigkeit) in Kommunal- und Landesverbänden den Arsch aufreißt, langweilige Reden beklatscht, Abziehbilder und Kugelschreiber verteilt, Plakate klebt, Flugblätter in Briefkästen schmeißt und Parteitage mitorganisiert. Auch nicht mein Ding. Ich stehe lieber als Kanzler per Direktwahl zur Verfügung, damit Dinge auch mal unmittelbar umgesetzt werden.

# MIGRATION

Ein wichtiges Thema, das nicht verschwinden, sondern wie ein Krebsgeschwür immer weiterwachsen und den demokratischen Status quo immer mehr in Gefahr bringen wird, ist die Migration, die wiederum in direkter Verbindung mit dem Klimawandel zu beurteilen ist. Nicht jeder Migrant ist ein Arzt aus Syrien, den man gerne als den typischen Asylanten zu Maischberger in die Talk-Show setzt, und ein Sarrazin, der die Kriminalstatistik zitiert, ist kein Nazi, nur weil bei der Statistik nicht herauskommt, was viele Politiker wollen. Migranten begehen prozentual mehr Straftaten als Deutsche, und Deutsche mit Migrationshintergrund begehen auch mehr Straftaten als Deutsche ohne Migrationshintergrund. Warum ist das so? Da kommt die Politik ins Spiel, denn zunächst mal gibt es eine direkte Korrelation zwischen Bildung, Einkommen und sozialer Situation und Kriminalität. Je geringer Bildung und Einkommen, umso schneller folgt man dem Hang und Drang zur Kriminalität.

Bei Asylanten kommt ein weiteres Element dazu, denn Langeweile und Perspektivenlosigkeit führen zu erhöhter Frustration und somit auch zu mehr Kriminalität. Wenn Leute jahrelang sinnlos vor Wohncontainern sitzen und nicht arbeiten dürfen, obwohl sie Jobs angeboten bekommen und auch arbeiten wollen, weil ihr Asylverfahren nicht abgeschlossen wird, dann ist das inakzeptabel. Wenn jemand arbeitet und Steuern zahlt, dann sollte sein Asylverfahren positiv beschieden werden. Erstmal auf Probe, aber wenn nach einem Jahr immer noch alles rund läuft, dann dauerhaft. Fast 40 Prozent der Lehrstellen in Deutschland bleiben unbesetzt, und im Handwerk und der Pflege braucht Deutschland in den nächsten zehn Jahren Millionen Arbeitskräfte.

Wer sich dann aber trotzdem nicht integriert und keine Arbeit findet, sollte Deutschland wieder verlassen müssen.

Und wo wir schon mal dabei sind: Wir sollten schnellstmöglich damit beginnen, unseren Bürokratie-Sumpf trockenzulegen. Gerade im Bereich Asylverfahren wird das mehr als deutlich, denn es läuft ja für alle Beteiligten schlecht, also nicht nur für die Asylanten, sondern auch für den Staat. Wir haben in Europa nicht die Chancen wie zum Beispiel Kanada nur diejenigen ins Land zu lassen, die wir wollen. Die Auffanglager in der Türkei, Griechenland, Italien, Spanien und anderen Küstenländern mutieren oft zur Dauerlösung. Da fragen sich dann viele Migranten, ob es nicht besser gewesen wäre, zu Hause zu bleiben. Die Verteilung der Asylanten in der EU funktioniert nicht. Einige Länder können oder wollen einfach niemanden aufnehmen und werden dafür noch nicht mal bestraft. Zudem verplempern wir viel Zeit, um herauszufinden, ob ein Asylant aus wirtschaftlichen oder politischen Gründen geflüchtet ist. Ob jemand in einer Kriegssituation ist, von der Regierung gejagt wird oder nichts mehr zu essen hat – all das sind gute Gründe, sich von seiner Heimat zu verabschieden und ins Schlauchboot zu steigen. Warum also hier zig Millionen Euro teure Arbeitsstunden zum Fenster rausschmeißen, um mit Zeugen sowie durch E-Mails und in Interviews herauszufinden, ob der Asylant tatsächlich unmittelbar vor der Steinigung stand oder lügt und in Wirklichkeit nur mit seinem Netflix-Abo im Senegal nicht zufrieden war?

Was auch ganz und gar nicht funktioniert: Migranten, die Abschiebe-Bescheide haben, werden nur selten tatsächlich abgeschoben. Die meisten der Betroffenen sollen ja freiwillig ausreisen beziehungsweise zu ihrem Abschiebeflug erscheinen. Das ist natürlich naiv von den Behörden und klappt oft nicht. Des Weiteren gibt es oft Widerstand und auch Ärger an Bord, deshalb sind auf Abschiebeflügen meistens mehr Polizisten an Bord als Asylanten. Ein enormer Kostenfaktor und extrem frustrierend für die schlecht bezahlten Beamten, die im Abschiebeland oft mit mickrigen Spesensätzen in den letzten Spelunken übernachten und essen müssen.

Es gibt hier Araber-Clans, deren Mitglieder in ihrem Leben noch nie ehrlich Geld verdient haben, eine Straftat nach der anderen begehen und oftmals seit vielen Jahren auf der Abschiebeliste stehen. Trotzdem können sie bleiben. Entweder haben sie deutsche Pässe. Und wenn das nicht der Fall ist, kommt häufig zum Tragen, dass der Libanon in Deutschland als unsicheres Herkunftsland geführt wird. Noch besser: Der Betroffene hat seinen Pass »verloren«: Wer vorher weiß, dass er ohne den Pass seines Herkunftslands nicht abgeschoben werden kann, dem geht dieser natürlich schon mal spontan verloren. Da wird Deutschland dann über Jahrzehnte von den Miris, Remmos und Abu Chakers dieser Welt verarscht, und diese fahren munter weiter mit ihrer S-Klasse durch Berlin, durch Bremen oder durchs Ruhrgebiet. Die Autos gehören natürlich immer nur einem Vetter einer Bekannten, weil der jeweilige Fahrer selber ein »armer Hartz-4-Empfänger« ist und kaum seine Familie ernähren kann. Natürlich haben die Clans auch Corona-Testcenter aufgemacht, da sie ja durch ihren Drogenhandel fast Pharmazeuten sind und die Bundesregierung happy war über jeden, der ein Partyzelt und Bierbänke aufstellen und einen dünnen Wattestab in die Nase einführen konnte. Dass die Clans oft gar nicht getestet, sondern nur mit Pseudo-Namen abgerechnet haben, hat Herrn Altmaier erst gestört, als die Polizei und die Presse davon Wind bekommen haben.

Für mich sind Menschen aus aller Welt in Deutschland und Europa willkommen, aber sie müssen sich nicht nur gesetzeskonform verhalten, sondern auch anderweitig anpassen. Parallelgesellschaften darf es nicht geben, Landessprachen müssen zumindest einigermaßen erlernt werden, und wir sollten unsere Freiheit nicht durch Rücksichtnahme auf religiöse Gefühle anderer beschneiden lassen. Da ich Atheist bin, halte ich es für einen großen Fehler, irgendeiner Religion oder Kirche zu helfen, ihre Anhänger unter Kontrolle zu behalten. Wir müssen vielmehr mit Wissenschaft, Fakten, Filmen und Humor jedem Gläubigen aufzeigen, wie dämlich der Grundgedanke ist, einem Gott zu dienen. Ich kann auch nichts dafür, dass dich deine Eltern oder Lehrer gemäß den komplett idiotischen Grundlagen einer Sekte erzogen haben. Der einzige Unterschied zwischen den Katholen und einer kleinen Baum-Umarmungs-Selbstfindungssekte ist die Größe des Unternehmens. Klar sind nicht alle Kirchen und Sekten gleich böse, aber bescheuert sind sie alle. Da die meisten Migranten Moslems sind, bedeutet das auch, dass für diese nur ein Platz in Deutschland sein kann, wenn sie ihre Frauen sowie Schwule, Juden und überhaupt Andersdenkende nicht unterdrücken und respektieren, sich an unsere Gesetze halten, arbeiten gehen und von Exekutionen auf dem Marktplatz Abstand nehmen. Die nötige Ansage: Solltet ihr das nicht tun, sondern lieber Salafisten-Quatsch predigen und Hartz 4 beantragen, dann buchen wir euch eine Jugendherberge bei den Taliban in Kabul. Ob ihr einen Pass habt oder nicht: Wer hier den Frieden und die Freiheit gefährdet, wird ausgeflogen und kann dann an Ort und Stelle mit den Behörden über den verlorenen Pass diskutieren, aber nicht mehr mit uns.

Hier eine Meldung aus der *BILD* vom 7. Oktober 2021, die ich mal im Detail zur Diskussion stellen will:

> **Geheime Rückholaktion aus Syrien!**
> Ein Team des Auswärtigen Amtes und des Bundeskriminalamtes hat mit Unterstützung der US-Luftwaffe acht deutsche ISIS-Frauen und deren Kinder aus einem kurdischen Camp in Nordsyrien geholt.
>
> Die Mütter müssten sich nun vor der Strafjustiz verantworten, ein Großteil von ihnen sei nach ihrer Ankunft in Deutschland in Haft genommen worden.

Also: Diese acht Frauen sind freiwillig Frauen von IS-Terroristen geworden und haben in wenigen Jahren jeweils drei (Durchschnittsannahme) Kinder bekommen. Jetzt geben wir Millionen aus und fliegen sie zurück. Hier werden sie von ihren Kindern getrennt und kommen ins Gefängnis. Heiko Maas ist da schon sehr optimistisch, wenn es um das Wohl der Kinder geht, denn ich gehe davon aus, dass die Kinder Deutschland hassen werden, weil sie von ihren Müttern getrennt wurden. Die Mütter hassen Deutschland sowieso, und das dürfte sich im Knast kaum ändern. Daher werden die Mütter auch nach der Haft nochmal Millionen von Euro kosten, denn sie sind Gefährder und müssen beobachtet werden.

Die Amis würden es so ausdrücken: »WTF!« für »*What the Fuck!*« und »What's the Point?« für »*Was soll das?*« Die Frage, die Politiker in solchen Zusammenhängen viel öfter stellen müssten: Was bringt es unserem Land und was kostet es? Ich hätte die Frauen bei den Kurden gelassen, denn die hätten sie irgendwann freigelassen, integriert oder sonst was, und dort können sie in ihrem Wahn ohnehin besser weiterleben als hier.

Auch wenn ich so humorvoll wie möglich darüber schreibe, so ist der Hintergrund natürlich todernst, denn Demokratie und Sicherheit in Europa sind gefährdet und jeder, der mal nachts um 1 Uhr durch Paris schlendert und denkt, er wäre in Marokko, wird mir rechtgeben müssen. Michel Houellebecq hat in seinem Skandalbuch *Unterwerfung* (2015) geschildert, wie in Frankreich ein moslemischer Politiker mit Hilfe von Sozialisten und Konservativen Staatspräsident wird und prompt Scharia, Patriarchat und Polygamie einführt. Tatsächlich ist es unbestritten, dass sich in Europa immer mehr Moslems ansiedeln und mehr Kinder bekommen als die Einheimischen. Insofern ist Houellebecqs Szenario gar nicht so unrealistisch. Allerdings sehe ich die Zukunft eher so, dass immer mehr Länder aus Angst vor dem Islam rechts wählen und Europa in 20 Jahren von Faschisten regiert werden wird. Dafür spricht, dass wir immer mehr Klimaflüchtlinge bekommen, weil unsere Wirtschafts- und Entwicklungshilfe in Afrika zu schwach ausfällt oder nur bei Diktatoren ankommt und somit jedes Jahr Millionen Migranten nach Europa strömen werden. Die Hilfsbereitschaft in der EU dürfte jedoch stetig abnehmen, da es den Mitgliedstaaten selbst nicht gut gehen wird: Die Klimaschäden werden stetig steigen, was wiederum die Wirtschaftsleistung schmälern und die Armen noch ärmer machen wird. Diese Armen brauchen dann Feindbilder, obwohl das Elend ja eigentlich durch unseren eigenen Endlos-Konsum erzeugt wurde, und laden ihren Hass auf Migranten und Ausländer ab. Wenn dann Moslems noch mehr Gewalttaten Marke

»Breitscheidplatz« oder »Würzburg« begehen, werden die Rechten an die Regierung kommen. Das Szenario danach: brennende Asylantenheime, versenkte Flüchtlingsboote und ein militärisch abgeriegeltes Mittelmeer. In Afrika bringen sich dann noch mehr Völker gegenseitig um und zig Millionen werden verhungern, verdursten, ertrinken oder erschossen.

Sie, lieber Leser, denken jetzt bestimmt: »Mein Gott, sieht der Boll das alles negativ!« Und ich garantiere Ihnen, dass ich es nicht nur realistisch sehe, sondern Leute wie Trump und seine Anhänger und 30 Prozent der Europäer diese Prognose sogar gut finden. Denn die wollen Afrika gar nicht helfen und wenn alle Bodenschätze abgebaut sind, können nach deren Ansicht die Afrikaner ruhig verrecken. Damit wäre dann ja auch das Migrantenproblem gelöst.

Im Endeffekt ist die Situation schon fast so, wie die Rechtsradikalen fordern: Die Küstenwache drängt regelmäßig Flüchtlingsboote ab und unsere SeaWatch-Seeleute, die Flüchtlinge vor dem Ertrinken retten, werden wie Verbrecher behandelt. Verkehrte Welt.

Das alles schockiert Sie? Ich fühle mit Ihnen, aber Sie sind der Grund, warum es so kommen kann, denn Sie sind die Feiglinge, die achtmal im Jahr in Urlaub fliegen, auf gar keinen Fall ihren zweiten SUV durch ein E-Bike ersetzen wollen und denen es egal ist, täglich die Hälfte des Essens wegzuschmeißen oder pausenlos in allen Räumen das Licht brennen zu lassen. Eine Afrika- oder Klimaabgabe wollen Sie nur über ihren Leichnam bezahlen, denn Sie trennen ja Ihren Müll.

Da passt es dann auch, dass alle sofort ausflippten, als Landwirtschaftsminister Cem Özdemir Anfang 2022 forderte, Fleisch müsse teurer und die Tiere müssten unter besseren Bedingungen gehalten werden. Eigentlich eine Selbstverständlichkeit, die es nun auch endlich mal umzusetzen gilt. Es ist glasklar, dass unser Fleischkonsum sinken und das Tierwohl steigen muss, aber die *BILD* und andere Medien nutzen die Debatte, um den Pöbel gegen die neue Ampelregierung aufzubringen, als ob die Menschen in Deutschland ein Grundrecht auf billiges Fleisch hätten.

# VERTEIDIGUNG, MACHT UND GEWALT

»Atomraketen stopp, hopp hopp hopp!« So wurde es zu meinen Jugendzeiten von uns allen proklamiert, wobei ich niemals auf Demonstrationen gegangen bin, weil ich es irgendwie lächerlich fand und auch nie wirklich glaubte, man kann mit einer Demo etwas ändern. Demos geben dem Ego das Gefühl, etwas Wichtiges zu tun. Und vielen Menschen nutzen die Demos auch, um die Langeweile in ihrem Alltag zu überbrücken.

Aber Spaß beiseite: Natürlich brauchen wir unsere eigenen Atomraketen, wenn wir »sicher« sein wollen, denn wir müssen ja in der Lage sein, andere Länder einzuschüchtern und von Angriffen abzuhalten.

In der jugendlichen Phantasiewelt leben alle Völker happy zusammen, und es herrschte Einigkeit darüber, man könne und solle mit Armeen und Gewalt keine Probleme lösen. Motto: »Frieden schaffen ohne Waffen!« Natürlich wäre das schön und wünschenswert, nur sieht die Realität leider ganz anders aus. Circa 80 Prozent der Erdbevölkerung leben in unvollständigen Demokratien, unter Einheitsparteien, Diktatoren und/oder im totalen gewalttätigen Chaos. Im Januar 2022 standen 180.000 russische Soldaten an der Grenze zur Ukraine. Wenn die Ukraine Atomwaffen hätte, wären die Russen gar nicht erst dorthin marschiert.

Womit wir wieder mal beim Thema Gewalt wären: Gewalt ist auch in Europa und Amerika vorherrschend, nur eben nicht so willkürlich und einseitig wie in Russland, China, Afrika, Asien und Lateinamerika. Gewalt ist die »driving force« der Geschichte, bestimmt den Alltag und setzt sich immer durch, es sei denn, die Gegengewalt ist größer oder einschüchternder.

Ich erinnere mich noch an meinen Vetter, der als Zivildienstleister auf der Kirmes von ein paar Rockern vermöbelt wurde. Nachdem er sich wieder erholt hatte, ging er zu ihrem Hauptquartier und fragte sie, warum sie ihn verprügelt hätten – und prompt kassierte er ein weiteres Mal Schläge. Das war in den 1970er-Jahren. Wenn er zur Polizei gegangen wäre, hätten die Beamten ihn ausgelacht, und selbst von seinen Freunden musste sich mein Vetter Kommentare wie »selber schuld« oder »selten dämlich« anhören. Was diese Situation zusätzlich zeigt, ist, dass Empathie im Menschen nicht per Geburt vorhanden ist. Es ist eine Fehleinschätzung, dass Menschen gut sind.

Auch super zur Realitäts-Erklärung eignet sich die Netflix-Serie *Norsemen*, die zu Zeiten der Wikinger spielt. In einer der Folgen gehen die Hauptpersonen in ein kleines Dörfchen, um Schutzgeld zu kassieren, und der Bürgermeister verweigert die Zahlung. Sie teilen ihm mit, dass sie ihn doch schließlich beschützen würden und er antwortet: »Aber vor wem? Hier gibt es keine Feinde!« Und dann sagt der Wikinger-Häuptling: »Doch! Schau mal!« Und einer seiner Leute haut dem erstbesten Bauern die Rübe ab.

Die Lehre, die man daraus ziehen kann, hat sich seit den Wikinger-Tagen nullkommanull geändert: Gewalt bewegt, verändert, macht und treibt Geschichte. Gewalt entscheidet, wer wie wo und warum irgendwas tun darf – und wer nicht. Wenn die USA Europa nicht mehr beschützen und Deutschland von Hippies regiert wird, die komplett abrüsten, wird Deutschland in einen katastrophalen Niedergang schliddern.

Ein Paradebeispiel dafür, wie ein Staat erfolgreich Macht und Gewalt ausübt, ist der Fall der Huawei-Managerin Meng Wanzhou. Sie wurde Ende 2018 in Vancouver (Kanada) am Flughafen verhaftet und dann für zwei Jahre unter Hausarrest gestellt. Derweil lief die Entscheidung über ein Auslieferungsverfahren in die USA. In den USA sollte sie wegen Hochverrates angeklagt werden, weil die 5G-Technologie des chinesischen Konzerns geheime Daten nach China übermittelt. Meng Wanzhou ist die Tochter des Huawei-Gründers, also nahm China das Heft in die Hand. Die Chinesen verhafteten ihrerseits zwei Kanadier in China, verdächtigten sie der Spionage und befanden sie umgehend für schuldig. Endresultat: Meng Wanzhou konnte 2021 wieder nach China ausreisen und kam nicht vor Gericht. Und die beiden Kanadier wurden zurück nach Kanada geflogen.

Was lernen wir aus diesem Fall?

Gesetze gelten nicht für den, der die dickere Magnum hat.

In einem tatsächlichen Rechtsstaat hätte Mengs Verfahren durchgezogen werden müssen, und die Kanadier wären im China-Gefängnis versauert. Eigentlich hätte die westliche Welt ihren Prinzipien treu bleiben und jeglichen Kontakt mit China einstellen müssen. Dasselbe gilt für Saudi-Arabien im Fall des Khashoggi-Mords.

Aber: In solchen Fällen steht Geld über Moral und Gesetzen. China und Saudi-Arabien sind eben nicht Togo oder Nord-Mazedonien, also wird der Rechtsstaat ad acta gelegt und man tauscht quasi Geiseln aus – wie in Agenten- oder Mafiafilmen. Im Fall Saudi-Arabien wurden die Mörder-Scheichs in keiner Weise bestraft. Es sitzt also eine Nation, die Mörder deckt, bei der G20 am Tisch und schüttelt allen die Hand, die dann brav weiter die Investments der Saudis einsacken.

Man hat als Land keine wirkliche Macht, wenn man keine militärische Macht hinter sich hat. Wenn man wie Deutschland wirtschaftlich sehr stark ist, aber eben keinerlei militärisches Drohpotenzial aufbauen kann und dann noch die NATO zerfällt und die Amerikaner ihre Truppen und Raketen abziehen, weil irgendwann Donald Trump jr. regiert, dann steht man unter Umständen sehr schlecht da und kann sich die Schuldscheine der Länder, die uns Geld schulden, an die Wand nageln.

Natürlich will ich weder Krieg noch will ich anderen Ländern mit Krieg drohen. Ich möchte, dass unsere Konflikte alle am Verhandlungstisch gelöst werden. Andere Länder sehen das jedoch anders, und genau deshalb muss das System der Abschreckung unbedingt aufrechterhalten werden. Was hätten wohl die Iraner und andere Länder des Mittleren Ostens mit Israel gemacht, wenn die Israelis keine Atomwaffen und keine technisch versierte Armee hätten? Welche Länder hätte Putin immer noch unter seiner Kontrolle, wenn der Westen einseitig komplett abgerüstet hätte? Ungarn, Polen oder Tschechien wären nicht eigenständig. Die Ukraine wird gerade von Putin überfallen, weil sie nicht in der NATO ist. Wir sehen auch an China, das sich wirtschaftlich und militärisch offenbar unangreifbar fühlt, was passiert: Demokratieverlust in Hongkong, Uiguren in Arbeitslagern und jeder im Gefängnis, der die Staatsmacht herausfordert. Trotzdem bleibt der Westen passiv – und dies nicht nur, weil wir so viele Geschäfte mit China machen, sondern auch weil ein militärischer Konflikt bei diesem Gegner im eigenen Untergang enden würde. Wenn wir nun auch noch das militärische Drohpotenzial auflösen würden, wer weiß, ob dann nicht Chinatown in San Francisco bald nur noch Chinatown hieße.

Genau deshalb hätte Merkel auch Macrons Vorschlag zum Aufbau einer europäischen Verteidigungsarmee annehmen müssen, aber wie immer hat sie das Thema ausgesessen und somit Deutschlands Sicherheit gefährdet.

Als Trump von Deutschland forderte, wie per NATO-Mandat eigentlich vorgeschrieben 2 Prozent des Bruttosozialprodukts auch tatsächlich für Verteidigung auszugeben, saß Merkel auch dieses Thema gekonnt aus. Hätte Deutschland eine schlagkräftige und bestens ausgestattete Truppe, tolle Panzer, Flugzeuge, Helikopter, Schiffe und U-Boote, so wäre Merkels Verhalten okay. Tatsächlich ist seit Jahren in der Presse zu lesen, dass wir in Sachen Verteidigung nicht nur beim Fußball, sondern auch bei der Bundeswehr ein absoluter Trümmerhaufen sind. Deshalb sollten wir keine Verteidigungsminister mehr haben, die von Verteidigung keine Ahnung haben. Und dann sollten wir unsere Waffenschmieden nicht mehr ihre besten Technologien nach Saudi-Arabien verkaufen lassen, sondern diese selbst kaufen. Deutschland muss auch ohne die EU in der Lage sein, glaubwürdig jedes Land auf der Erde vernichten zu können, falls dieses Deutschland angreift. Wir können uns nicht ewig blind auf andere Länder verlassen.

Einschub: Und nun, als der Krieg in der Ukraine tobt, gelten meine Worte oben, die ich Mitte 2021 schrieb, urplötzlich als selbstverständlich.

# AFGHANISTAN

Der Krieg vom 7. Oktober 2001 bis 30. August 2021 hätte nie begonnen werden dürfen. Ein Land anzugreifen und einzunehmen, um eine Person (Bin Laden) und seine AlQaida-Terrorgruppe zu zerstören, war schon ein unglaublicher Denkfehler. Aber irgendwo müssen ja die 800 Milliarden US-Dollar hin, die die Amis jedes Jahr in die Rüstung pumpen. Während in den USA jede Sozial- oder Gesundheitsleistung mit Argus-Augen beäugt und diskutiert wird, winkt jeder Präsident seit 60 Jahren 600 bis 800 Milliarden fürs Militär ungeprüft durch. Die Aufgabe der NATO-Partner wäre es gewesen, den Krieg zu verhindern, ihn also den USA auszureden, aber nach dem Anschlag vom 11. September 2001 übte sich Deutschland in blindem Gehorsam. Offiziell ging es gegen die Terrororganisation Al-Qaida (gegründet 1988 von Osama Bin Laden im ersten Afghanistan-Krieg, den die Russen angezettelt hatten), aber während der 20 Kriegsjahre wurde weder wirkliche Sicherheit hergestellt noch wurden wirkliche Reformen im Land durchgesetzt. Von den NATO-Truppen besetzte Gebiete hatten Wahlen und auch eine Regierung, die aber immer total korrupt war. Auf der Website des Auswärtigen Amtes kann man sich bis heute schön anschauen, was mal die Idee dahinter war. Natürlich ging es in den letzten 15 Jahren Teilen der Bevölkerung besser. Vor allem Kinder und Frauen in den Großstädten konnten sich freier entwickeln, bewegen und bilden. Da aber Afghanistan (über 650.000 Quadratkilometer) fast doppelt so groß wie Deutschland ist (357.000 Quadratkilometer), wurden zu keinem Zeitpunkt mehr als 30 Prozent des Landes vom Westen kontrolliert. Die meisten Afghanen sahen die NATO nicht als Befreier, sondern als Besatzer, denn in all den Jahren wurden Afghanen von uns getötet – durch tausende von Drohnenangriffen auch viele Unschuldige, Kinder und Frauen. Zwischen 2009 und 2021 kamen jedes Jahr über 3.000 Afghanen durch Angriffe der Truppen ums Leben und circa 7.000 zusätzlich pro Jahr wurden verletzt. Mindestens die Hälfte waren zivile Opfer. Wie man da auf die Idee kommt, dass die Bevölkerung hinter einem steht, ist mir ein Rätsel.

Die circa 60.000 aktiven Taliban-Kämpfer beherrschten nach dem Abzug der Russen von 1996 bis 2001 Afghanistan. Die Bewegung entstand erst 1994 in Pakistan, um Afghanistan zu kontrollieren. Dass die Taliban 2021 wieder die Macht – und dies ohne Gegenwehr der 100.000 afghanischen Soldaten oder der Millionen Afghanen – erobern konnten, zeigt, wie wenig sich doch in den 20 Jahren tatsächlich getan hatte. 80 Prozent der Bevölkerung lebten die ganze Zeit ohnehin unter strengen islamischen Regeln und brauchten nun ihre Lebensgewohnheiten unter den Scharia-Gesetzen kaum zu ändern. Für die paar tausend Frauen, die als Journalistinnen, Unternehmerinnen und in anderen Berufen tätig waren und nicht rechtzeitig das Land verlassen konnten, ist natürlich jetzt Schicht im Schacht und ihre TikTok-Video-Postings werden zunehmend weniger werden.

Obwohl es Anfang 2021 klar war, dass Mitte des Jahres alle Truppen abziehen würden, flog die Bundeswehr zwar die überschüssigen Alkoholvorräte rechtzeitig aus, aber nicht die tausende afghanischen Mitarbeiter, die sie über Jahre beschäftigt hatte und die in Lebensgefahr schwebten, seit die Taliban das Heft in die Hand genommen hatten. Denn die Taliban sehen diese Menschen als Vaterlandsverräter.

Den afghanischen Mitarbeitern wurde von der BRD nicht nur gekündigt, es wurde ihnen sogar absichtlich schwer gemacht, Visa für Deutschland zu bekommen. Ich gehe davon aus, dass die Bundesregierung absichtlich keine rechtzeitige Evakuierung eingeleitet hat, weil sie keine weiteren Flüchtlinge vor der Bundestagswahl aufnehmen wollte. Die Taliban hatten schon im Frühjahr mehrere tausend Kämpfer nach Kabul geschickt und dort als »Schläfer« geparkt. Das heißt, diese Kämpfer tranken Tee und lungerten als harmlose Tagelöhner in Kabul herum, bis sie im August aufgeweckt wurden, ihre eingeschmuggelten Waffen aus dem Kleiderschrank zogen und innerhalb von drei Tagen die Stadt komplett unter Kontrolle bekamen. Der afghanische Präsident Aschraf Ghani klaute noch schnell 200 Millionen Dollar und flog in die Vereinigten Arabischen Emirate. Die Armee feuerte keinen einzigen Schuss auf die Taliban ab und ergab sich kampflos im ganzen Land. Das zeigt nicht nur, wie beschissen diese Jungs von unseren Militärs ausgebildet worden waren, sondern auch, dass ihnen die Freiheiten und die Frauen-Gleichberechtigung nicht so viel wert sind, wie wir es gerne hätten oder es uns eingebildet haben. Nun sprang auch die Presse auf den Zug auf und beschuldigte zu Recht die Regierungen aller beteiligten NATO-Partner als Totalversager, denn CIA, BND und wie sie alle heißen, sagten, sie hätten keine Ahnung gehabt, wie schwach die Selbstverteidigung ausfallen würde, und dass die Taliban schon monatelang in Kabul als Kellner arbeiteten.

Dann begann die hektische und konfuse Evakuierung von allen, die noch bis zum Flughafen laufen konnten. Eine Aktion ohne Sinn und Verstand. Die Amerikaner sicherten den Flughafen militärisch, und ohne die Amerikaner wären alle europäischen Länder kopflos abgehauen, ohne irgendwelche lokalen Mitarbeiter mitzunehmen. Das wäre dann der klassische »Collateral Damage« gewesen. Durch die US-Army wurde sichergestellt, dass zumindest für einige Tage Menschen gerettet werden konnten. Viele der Mitarbeiter kamen aber nicht zum Flughafen durch oder hatten Angst, ihre Häuser zu verlassen. Die Bundeswehr brachte dann zwei Mini-Hubschrauber zum Einsatz, die pro Flug zwei oder drei Leute zu Hause abholen konnten. Ein Witz.

Schon zwei Tage vor den Amis verabschiedete sich die Bundeswehr aus Kabul und hatte zu diesem Zeitpunkt nicht einmal 200 Ex-Mitarbeiter rausgeholt. Mehrere tausend blieben zurück. Seltsamerweise wurden aber 4.900 andere Afghanen ausgeflogen – unter ihnen zahlreiche Ex-Asylanten, die schon vor Jahren Deutschland verlassen mussten, da ihre Asylanträge abgelehnt worden waren. Einige unter ihnen waren in Deutschland sogar straffällig geworden. Wie diese nun im Flughafen durch die Checkpunkte kamen und dann sogar in die Maschine gelangten, bleibt unklar. Ich denke aber, ich weiß warum: Zu Beginn der Evakuierungen gab es ja einen B52-Flug, bei dem nur sieben Personen mitgenommen wurden, obwohl mehrere hundert reinpasst hätten. Der Grund war: Angst. Die Situation am Rollfeld beunruhigte den Piloten und schon wurde abgehoben, obwohl quasi niemand an Bord war. Diese Situation führte zu vielen Diskussionen über den Zustand der Bundeswehr und genau deshalb wurden anschließend die Maschinen voll besetzt. Wir hätten auch die Taliban mitgenommen, wenn kein anderer da gewesen wäre. Dass ein Land wie Deutschland nicht in der Lage ist, einen Flughafen selbst zu verteidigen, ist beschämend. Diese Situation unterstützt meine Forderung nach einer schlagkräftigen Berufsarmee. Unsere KSK- und GSG9-Level-Soldaten müssen auf 30.000 bis 40.000 aufgestockt werden, um in solchen Situationen unsere Interessen mit Gewalt durchzusetzen und/oder Sicherheit herzustellen. In diesem Zusammenhang ist auch interessant, dass Blackwater, die buchbare Söldnerarmee, parallel für 6.500 Dollar pro Person eine Evakuierung anbot. Der Preis war deshalb so niedrig, weil die Afghanen eben kein Geld haben (außer dem Ex-Präsidenten). Er zeigt aber auch, dass Blackwater wahrscheinlich wegen dem Drogenhandel mit den Taliban in freundlicher Verbindung steht und keinerlei Gegenwehr zu erwarten hatte.

Inzwischen, Stand Februar 2022, gibt es Belege, dass die Taliban einige der Ex-Beschäftigten der deutschen Regierung exekutiert haben.

# UKRAINE-KRIEG – PUTIN – RUSSLAND

Ganz früher war die Ukraine bulgarisch, dann im Mittelalter eher jüdisch und ostslawisch, und um 1220 begann die Herrschaft des Mongolenführers Dschingis Khan. Schon 100 Jahre später lebten in den Gebieten Russen, Polen, Litauer und um 1380 wurde das Gebiet Klein- und Groß-Russland genannt. 1648 wurde die Ukraine zum ersten Mal Ukraine genannt, dann aber kurze Zeit später zwischen Polen und Russland aufgeteilt – und wiederum über 100 Jahre später zwischen Österreich und Russland. Erst zu Beginn des 20 Jahrhunderts wurde die Idee eines eigenständigen ukrainischen Staates geboren. Im ersten Weltkrieg unterstützte Deutschland die Selbstständigkeit der Ukraine, um Russland zu schwächen. Nach der Oktoberrevolution 1917 wurde die Ukraine als eigenständiger Staat innerhalb des neuen Sowjetrusslands ausgerufen, der aber sehr schnell von den Deutschen und Österreichern besetzt wurde und nach dem Krieg wieder von den Bolschewiken. Ab 1922 war das Gebiet Teil der Sowjetunion, die dort massiv Industrie ansiedelte (Chemie, Stahl, Kohle, Flugzeugbau). Auch deshalb besetzte Hitler die Ukraine für drei Jahre im Zweiten Weltkrieg. Nach dem Krieg versuchte die Ukraine wieder unabhängig zu werden, was aber nicht gelang. Erst durch den Zerfall des Warschauer Paktes und der Sowjetunion 1991 formierte sich die Unabhängigkeit. Russland akzeptierte das und unterschrieb 1999 einen Vertrag mit der Ukraine, der unter anderem die Grenzen der Ukraine festlegte und Russland für 20 Jahre garantierte, einen Marinehafen nutzen zu können. Die Situation der Halbinsel Krim wurde immer wieder gesondert diskutiert und verhandelt und die Krim galt mal als Teil der Ukraine, mal als unabhängig, bis sie 2014 von den Russen per fragwürdiger Abstimmung der Bevölkerung einkassiert (annektiert) wurde. Die Ukraine führte erstmalig 1991 Präsidentenwahlen durch und hatte in dieser Zeit sieben Präsidenten, die mal mehr mal weniger pro-russisch waren. Eine NATO- und EU-Mitgliedschaft wurde jedoch regelmäßig trotz Unterstützung der Amerikaner abgelehnt.

2022 durch die gezielte Schwächung der Demokratie in der Ukraine und des »freien Westens« durch Internet-Trolls, Trump und Fake News fühlt sich Russland stark genug, die Ukraine zu besetzen. Ab 2016 wurde geschickt ein Keil zwischen die westlichen Demokratien getrieben und Teile der Bevölkerung geistig ins QAnon-Nimmerland geschoben, sodass die internen Probleme, die dann durch Corona verstärkt wurden, diese Länder quasi handlungsunfähig machten. Die Abhängigkeit vom russischen Erdgas und anderen Bodenschätzen trägt ebenfalls dazu bei, die Sanktionsfähigkeit des Westens zu schwächen. Täglich trotz Sanktionen zahlt die EU 420 Millionen Euro an Russland für die Gaslieferungen.

Interessant war nun das Prozedere: Die Russen stationierten im November/Dezember 2021 weit über 100.000 Soldaten mit Panzern und allem Drum und Dran an der ukrainischen Grenze. Hier nun der Ablauf in einem fiktiven Dialog zwischen Putin, Biden und einigen anderen:

Putin: »Wir können unsere Truppen in unserem Land stationieren, wo wir wollen, und wir machen hier gemeinsame Manöver mit unseren Freunden aus Weißrussland! So wie die NATO auch andauernd Manöver an unseren Grenzen macht!«

Biden: »So geht es nicht. Verarschen können wir uns selbst. Du willst doch in die Ukraine einmarschieren!«

Putin: »Wir wollen eure Garantie, dass die NATO-Osterweiterung beendet ist und die Ukraine nicht in die NATO aufgenommen wird! Außerdem dürfen keine weiteren Raketen direkt an unseren Grenzen stationiert werden! Das wurde damals so zugesagt, als wir Ost-Deutschland übergeben haben, und was habt ihr gemacht? Immer weitere Staaten des Ex-Warschauer-Paktes wie Polen und Ungarn in die EU und die NATO gelassen!«

Biden: »Warum sollten wir das tun? Wir machen, was wir wollen und geben dir gar nichts. Wir sagen nur eins: Wenn ihr in der Ukraine einmarschiert, werden wir ein Sanktionspaket gegen euch in Kraft setzen, welches euch wirtschaftlich komplett fertigmacht!«

Putin: »Ihr akzeptiert also keinerlei Forderungen von uns?«

Biden: »Wie könnten wir? Wir können uns doch nicht einfach erpressen lassen, aber wir können miteinander reden und über gegenseitige Wünsche und Forderungen diskutieren!«

Zu Putin kommt ein General: »O hochheiliger Führer, es ist so: Wenn wir mit unseren Panzern nicht bald einrollen, dann taut die Erde auf und wir werden vor Kiew im Matsch stecken bleiben!«

Putin zum General: »Okay, alles nochmal volltanken und ab dafür!«

Trump: »Putin macht das clever! Glückwunsch Wladimir! Sleepy Joe kriegt sowieso nichts mehr mit!«

Die Ukrainer: »Danke Deutschland für die Helme, die im Übrigen noch nicht angekommen sind! Jetzt sind wir gefickt, weil wir nicht in der NATO sind und auch vorher alle Atomraketen abgegeben haben!«

Die NATO intern: »Gut, dass wir nie die Ukraine aufgenommen haben!«

Die NATO extern: »Liebe Ukrainer, unsere Herzen sind bei euch! Wir haben noch bei Amazon ein paar Waffen für euch bestellt, aber da ja die Russen schon da sind, gibt es Lieferprobleme!«

Olaf Scholz: »Die Nordstream-Pipeline wird nun erstmal nicht zertifiziert, und zwar solange, bis sich keine Sau mehr für die Ukraine interessiert!«

Roland Habeck: »Also bis ungefähr zwei Wochen nach dem Ende der Kampfhandlungen!«

Scholz: »Bingo!«

Schalke 04: »Wir kriegen keinen anderen Sponsor als Gazprom! Daher bleiben wir dabei! Oder vielleicht steigt unser Großschlachter wieder ein!«

Ich könnte jetzt hier munter weiter Satire betreiben, aber leider bestätigt diese Situation alles, was ich bisher in diesem schon im April

2021 begonnenen Buch geschrieben habe. Ohne den Russenangriff hätten meiner »Verteidigungspolitik« wahrscheinlich weniger als 10 Prozent der Leser zugestimmt, mittlerweile überschlagen sich Journalisten und Politiker aus eigenem Überlebensantrieb mit der Forderung nach höheren Verteidigungsausgaben und löschen verzweifelt ihre alten Artikel mit dem Sing-Sang vom »Frieden schaffen ohne Waffen!«. Am 27. Februar 2022 gab dann die Regierung bekannt, 100 Milliarden Euro extra in die Verteidigung zu pumpen und auch Waffen an die Ukraine zu liefern. Diese 100 Milliarden kommen zehn Jahre zu spät und möglicherweise wird es später heißen: »Zu spät war tatsächlich zu spät.« Denn Putin kommt mir nicht so vor, als ob er als Verlierer abtreten will. Da dieses Buch nun langsam mal gedruckt werden muss, damit es noch einer vor der Vernichtung der Erde lesen kann, weiß ich nicht, wie der Konflikt endet, also spekulier ich mal:

Variante 1: Putin nimmt die Ukraine nach starker Gegenwehr in ein paar Wochen ein. Hunderttausende sind bis dahin tot und Millionen geflüchtet. Die Ukraine wird auch nach der Besetzung nicht zur Ruhe kommen und es wird Anschläge gegen die russischen Besatzer geben. Alle Sanktionen werden gegen Russland aufrechterhalten und Russland geht es wirtschaftlich deutlich schlechter als jetzt, aber auch nicht ganz schlecht, denn Putin wird Wege finden, seine Bodenschätze und Waffen an China, Nord-Korea, Brasilien, Kuba und afrikanische Staaten zu verkaufen.

Variante 2: Ist wie Variante 1, nur dass der Kampf viel länger dauert als gedacht und Europa, Japan und die USA immer mehr die Daumenschrauben anziehen, bis Putin Atomraketen losschickt und dann im Gegenzug selbst zerstört wird. Wir sind dann fast alle tot und brauchen uns weder um Klima- oder Coronaprobleme, noch ums Gendern weitere Gedanken zu machen.

Variante 3: In Russland wird der Unmut so groß, dass Putin gestürzt und entweder im Gaddafi-Stil abgemurkst oder im Saddam-Stil erst vor Gericht gestellt und dann gehängt wird. Oder er setzt sich in einer Riesen-Villa irgendwo zur Ruhe und schreibt mit Merkel seine Memoiren. Russland wird dann entweder von einem anderen Apparatschik regiert, oder jemand wie Nawalny oder der Ex-Schachweltmeister Garri

Kasparow übernimmt und Russland wird tatsächlich so wie wir: Internetabhängig, faul, arrogant, undankbar, übergewichtig und stets mit unwichtigen Scheinproblemen beschäftigt, um bei wichtigen Dingen tatenlos zuzuschauen.

Variante 4: Putin und die Ukraine, NATO und EU einigen sich, dafür muss Putin aus der Ukraine abziehen, darf vielleicht seine zwei Russengebiete behalten und einige Sanktionen werden gelockert. Russland wird dann über Jahre als Feind behandelt werden und wirtschaftlich wird es Russland schlechter gehen als vor der Invasion. Sex und Gier machen Geschichte. China und Russland fühlen sich stark, und Europa und die USA sind geschwächt und innerlich zerstritten. Als nächstes wird China Taiwan schlucken und niemand wird den Taiwanesen helfen. Die Geschichte lehrt: Wer den dickeren Knüppel hat, gewinnt. Aber auch: Man muss ein sogenanntes »long game« spielen, also Ziele langsam und stetig über zig Jahre verfolgen, und das schaffen Demokratien seltener als Diktaturen. Lange Jahre nach dem Zerfall der alten Sowjetunion und dem Verlust der Kontrolle über Rumänien, Jugoslawien, Bulgarien, die Tschechoslowakei, Ungarn, Ost-Deutschland, Finnland, das Baltikum, Polen und die Ukraine, sind es die Russen beziehungsweise Putin leid und wollen wieder wachsen und eine Weltmacht werden.

Bei den arroganten Europäern hat sich in den vergangenen 30 Jahren die Fehleinschätzung verfestigt, dass allein wirtschaftliche Kraft ausreicht, um den Globus zu kontrollieren. Wir müssen begreifen, dass Gewalt ein Mittel innerhalb von Gesellschaften und zwischen gegnerischen Parteien und Staaten ist. Ob man will oder nicht: Die Androhung von größerer Gewalt ist sehr oft immer noch die beste Möglichkeit, Gewalt zu verhindern, es sei denn, der Gegner wird unzurechnungsfähig und nimmt lieber alle mit ins Jenseits bevor er den Krieg verliert. Leider ist der Mensch immer noch primitiver als wir es wahrhaben wollen.

# MERKEL

»Unsere Mutti« hat selbst keine Kinder, und was viel schlimmer ist: Sie kann auch Hunde nicht leiden! Sie hat uns 16 Jahre regiert, oder sagen wir mal: Sie war 16 Jahre Bundeskanzlerin, denn von »regieren« konnte oft nicht die Rede sein. Aussitzen, in der Hoffnung, das bestimmte Probleme quasi an Altersschwäche sterben – das trifft es besser. Im Ausland war Merkel genau dafür hoch angesehen, denn in anderen Ländern treffen Präsidenten oft viele und oft falsche Entscheidungen. Während der Trump-Jahre schaute die Welt auf Merkel als Gegenmodell zum aufgedrehten Donald, der je nach Tageslaune und Twitter Likes seinen Gefühlen beim Regieren freien Lauf ließ. Merkel konnte sich zur Bundeskanzlerin entwickeln, weil sie erstens durch Kohl hochgepäppelt wurde und von ihm lernte. Und zweitens, weil sie als Frau aus dem Osten in der CDU gebraucht wurde, um die Wiedervereinigung tatsächlich wie eine Wiedervereinigung aussehen zu lassen. Kohl diente bestimmten Teilen der Wirtschaft und war wie Strauß korrupt. Das war Merkel nicht. Sie diente in den 16 Jahren vor allem dem Bruttosozialprodukt und allen Unternehmen, aber weniger den sozial Schwachen. Jede Auslandsreise brachte nicht nur sie ins jeweilige Land, sondern auch sämtliche Chefs der DAX-Unternehmen. Merkel machte gerne den Türöffner für Siemens, VW und Co. Gerhard Schröder von der SPD hatte es genauso gemacht. Merkel führte Schröders *Agenda 2010* weiter, und sie tat dies erfolgreich, denn in den letzten 16 Jahren ging es der Bundesrepublik wirtschaftlich nicht nur auf dem Papier gut. Nummer vier in der Welt nach den USA, China und Japan.

Deutschlands Außenpolitik indes war nach dem Motto strukturiert: Wir prangern zwar Menschenrechtsverletzungen in Pressekonferenzen an, aber auf der Handlungsebene bleibt alles, wie es ist. Was im Klartext bedeutete: Wir verkloppen alles an alle, also auch Waffen und schützenswerte Technologien.

Sanktionen gegen Verbrecherstaaten mögen wir gar nicht, es sei denn, diese Verbrecherstaaten sind arm und kaufen sowieso nichts von uns. Da darf der saudische Prinz in Istanbul den Washington-Post-Kolumnisten Khashoggi zerstückeln lassen und wir verkaufen trotzdem alles weiter an die Scheichs, auch Waffen. Da darf ein Erdogan Deutsche in Haft nehmen, weil sie ihn kritisieren, und trotzdem in Deutschland bei Wahlveranstaltungen auftreten, wo er dann Merkel und Deutschland zur Freude der in Deutschland lebenden Türken als Luschen bezeichnet. Egal was er macht, wir überweisen ihm weiter Geld, damit er die Migranten in Zeltlagern einsperrt und nicht auf die EU loslässt. Auch als herausgefunden wird, dass er mindestens 50 Prozent der EU- Gelder für sich privat abzwackt und nutzt, wonach ihm der Sinn steht, etwa zum Bau eines Privatpalastes nach dem anderen, verändert Merkel ihre Haltung nicht. Sowas kann man »eine ruhige Hand« nennen – oder einen moralischen Offenbarungseid. Als Erdogan einen amerikanischen Pfaffen verhaftete, stellte ihm Trump prompt ein Ultimatum und fror alle türkischen US-Konten ein. Schwups, war der Priester wieder frei.

Nach Jan Böhmermanns Satire-Gedicht über Erdogan 2016 hatte ich wie bereits beschrieben aus Solidarität in einem meiner Videos Erdogan ebenfalls beleidigt und sowohl eine Zivilklage als auch eine Strafanzeige kassiert.

Nach meinem Beleidigungsverfahren kann ich nun nicht mehr in die Türkei einreisen, denn es könnte ja sein, dass ich auf einer Arrest-Liste stehe, und ich habe wirklich keinen Bock, monatelang im Knast zu sitzen, weil die Bundesrepublik die sanfte und langsame diplomatische Verhandlungstaktik wählt, statt zu sagen: »Lieber Erdo, du hast Uwe Boll wegen nichts eingesperrt, denn er hat ja nur die Wahrheit über dich gesagt, und wenn du ihn jetzt nicht sofort freilässt und dann kostenlos zwei Wochen im Club Aldiana bewirtest, werden wir jegliche Touristik in die Türkei verbieten, und dann wünschen wir dir viel Spaß bei den Diskussionen mit deinen frustriert-wütenden Hotelbesitzern!«

So würde es Deutschland im Übrigen machen, wenn einer unserer Milliardäre wie Susanne Klatten von BMW in der Türkei verhaftet worden wäre. Natürlich gelten für sehr reiche Menschen komplett andere Regeln. Die wären auch aus Kabul innerhalb von fünf Minuten ausgeflogen worden. Wenn Jeff Bezos und nicht Jamal Khashoggi im Auftrag der Saudi-Scheichs zerstückelt worden wäre, hätte Amerika Saudi-Arabien den Krieg erklärt und alle Auslandsgelder der Scheichs für immer eingesackt.

Merkels Abschlussbesuch bei Erdogan im Oktober 2021 war dann auch wieder kaum zu ertragen. Beide bezeichneten sich als Partner und Freunde, obwohl 28 deutsche Staatsbürger gerade zu diesem Zeitpunkt in türkischen Knasts saßen – und zwar nicht wegen Mord oder Totschlag, sondern wegen Majestätsbeleidigung und pro-kurdischer Aktionen und pro-kurdischer Berichterstattung. Erdogan wiegelte Merkel mit der Phrase »die Justiz ist unabhängig« ab. Nach dem Motto: »Ich weiß von nichts, und ich kann für nichts was, ich bin selbst oft geschockt, was in meinem Land so vorgeht!«

Lächerlich. Gleichzeitig wurde in Köln der Muezzin-Ruf zum Freitagsgebet erlaubt, der dann quer durch Köln schallt.

Auf Deutsch übersetzt bedeutet der Ruf: »Allah ist größer als alle Religionen, alle Feinde, alle Menschen, und Mohammed ist sein Gesandter.«

Das hört sich in meinen Ohren an wie: »Nur unser Glaube taugt was und die anderen Religionen sind Scheiße.« Und es ist wohl auch genauso gemeint!

Wir müssen aufhören, uns selber zu belügen und zu glauben, wir wären eine Happy-Weltgemeinschaft, die zusammen Party machen will. Frieden und Ordnung existieren in einem Land nur durch die Androhung von staatlicher Gewalt. Gibt es keine funktionierende Staatsmacht, die Freiheit und Demokratie aufrechterhält, werden am Ende Fanatiker das Steuer übernehmen.

Ich habe rund ein Dutzend Jahre als Boxer bei Bayer 04 Leverkusen trainiert, viermal die Woche, und fast alle Boxer waren Moslems. Ich würde mal sagen, wenn es um Kampfsport geht, stellen Albaner, Türken, Kurden, Bulgaren und Russen 80 Prozent der Aktiven. Schwäche wird in solchen Kreisen bestraft und Empathie kann man nicht erwarten. Neuankömmlinge, die nach ein paar Wochen ihr erstes Sparring machten, wurden schwer verkloppt, und viele verloren dann sehr schnell die Lust am Boxen. Ich persönlich habe nie jemanden umgehauen, als er schon stehend k. o. war, aber die Albaner und Türken hatten damit überhaupt kein Problem. Ich wurde von ihnen respektiert, weil ich mich durchgebissen habe und ihnen beim Sparring genauso eingeschenkt habe wie sie mir. Ich kenne genug Leute, die auch auf der Straße jemanden wegen einer falschen Bemerkung, ohne mit der Wimper zu zucken zusammenschlagen. Leute wie Erdogan denken genauso, sie verstehen nur Härte, und daher hat er sich immer wieder über Merkel totgelacht. Er sperrt Deutsche ein, die ihn kritisieren, und hält Reden in Deutschland darüber, wie beschissen Deutschland sei.

Als Merkel wegen Fukushima vollkommen panisch aus der Atomkraft ausstieg, anstatt erstmal die Kohlekraftwerke abzuschalten, machte sie einen gravierenden Fehler, denn Atomkraft ist deutlich sauberer als Kohle. In 50 Jahren Atomstrom in West-Europa gab es kein Fukushima oder Tschernobyl. Klar muss der Atommüll gelagert werden und dies birgt Risiken, aber momentan geht es primär darum, die Erderwärmung zu stoppen und Emissionen runterzufahren.

Das wirkliche Versagen Merkels und der von ihr eingesetzten Minister kam jedoch erst während der Coronakrise zur vollen Geltung. Deutschland, das Land der Technik und Innovation, hat sich zugunsten der »schwarzen Null« bei der Infrastruktur und der Digitalisierung zu Tode gespart. In zig Ämtern, Krankenhäusern, Hausarztpraxen, dem Bundestag und so weiter wurde noch bis 2020 jegliche Korrespondenz gefaxt. Ja, tatsächlich: gefaxt – und zwar ausschließlich gefaxt. Naheliegende Frage: Wer von uns Bürgern benutzt heutzutage noch Faxgeräte? Warum können wir keine E-Mails mit PDF erhalten, um bei der Apotheke ein Rezept abzuholen, sondern müssen zum Hausarzt gehen, um uns das Ding zu holen? Viel zu wenig läuft digital, und damit werden Millionen von Arbeitsstunden verschenkt, weil wir idiotische Behördengänge machen müssen. Deutschland liegt im internationalen Vergleich nur auf dem 11. Platz beim Durchschnittsverdienst und nur auf Platz 18 beim Vermögen pro Kopf.

Als nun durch Corona Schulen und Unis auf Digitalunterricht umsteigen mussten, wurde die ganze Misere auf drastische Art und Weise deutlich, denn die meisten unserer Schulen haben weder funktionierende Toiletten noch Computer oder Internetempfang. Und die meisten Lehrer haben keine Ahnung von digitalen Lernprogrammen. Hektisch wurden iPads angeschafft, doch sobald diese in der Schule angeschaltet wurden, lief das WLAN viel zu langsam. Der Grund: Pro Schule stand nicht genug Datenvolumen zur Verfügung, ähnlich wie beim alten Telefon Dial-up vor 20 Jahren. In deutschen Schulen wurden während der Lockdown-Zeit mehr als 50 Prozent des Lernstoffes verpasst.

Das war aber nur die Spitze des Eisbergs, denn es stellte sich auch heraus, dass unsere Datenschutzgesetze von Kaiser Wilhelm stammen und unsere Gesundheitsämter keinerlei Vernetzung mit den Einwohnermeldeämtern oder Arztpraxen haben. Die Ämter waren nicht in der Lage, die Über-80-Jährigen zu finden, um sie zur Impfung einzuladen. Da ja Über-80-Jährige nicht gerade Internet-Nerds sind, kam es zum Totalzusammenbruch der Telefon-Hotlines, wo diese verzweifelt um Termine baten und von den Beratern dann gebeten wurden, sich im Internet anzumelden. Auf die Frage von Opa Hans: »Wo ist das Internet? Haben Sie eine Adresse?« endeten dann die meisten Gespräche wie das Hornberger Schießen. So wurde ein Perpetuum mobile der Zeitverschwendung geschaffen. Der Höhepunkt folgte, als die Gesundheitsämter anhand der Vornamen im Telefonbuch auf gut Glück Anrufe tätigten, um Über-80-Jährige zu finden. Nach dem Motto: »Alle mit dem Namen Grete, Manfred, Erni und Liesel bitte sofort zur Impfung!«

Als Kanzleramtsminister Helge Braun die 60 Millionen Euro teure Kontaktverfolgungs-App der Bundesregierung vorstellte, tat er so, als wäre er Steve Jobs, obwohl man ihm ansah, dass er noch nicht mal YouPorn im Internet finden würde. Diese Corona-Warn-App entpuppte sich wie die »selbstschmelzenden« Sturmgewehre von Heckler & Koch als »nachbesserungswürdig« und wurde später durch die für ein paar Mark Fuffzig von Smudo und Co. in privater Eigenleistung entwickelte Luca-App ersetzt. Der Grund, warum es in Deutschland eine Nachverfolgungs-App geben muss, ist ganz einfach: Wir haben nämlich kein Impfregister. Was bedeutet: Wir wissen eigentlich gar nicht, wer geimpft ist und wer nicht. Schon wieder muss der Datenschutz als billige Ausrede für totales Versagen herhalten. In anderen Ländern wie Frankreich und Spanien ist die Impf-App gleichzeitig auch eine Nachverfolgungs-App, weil alle Geimpften im System eingetragen sind. Wir sind öfter mal in Straßburg unterwegs, und da wird überall die Impf-App gescannt, und schon ist man im System und kann nachverfolgt werden. Da ist dann auch das Fälschen von Impfzertifikaten bedeutend schwerer, denn jede Arztpraxis oder Impfstation meldet die Impfungen zur Zentrale. Wenn also in Frankreich einer mit dem Impfbuch und nicht mit dem Handy rumrennt, kann bei einer Kontrolle sein Name eingegeben werden und es erscheint eine Meldung, ob er wirklich geimpft ist oder nicht.

Im Rausch, keine neuen Schulden zu machen, agierte die Merkel-Regierung fahrlässig, denn ohne bezahlbaren Wohnraum, funktionsfähige Schulen, ein funktionierendes Schienen- und Straßennetz und flächendeckend schnelles Internet, verschwindet man eben international irgendwann in der Bedeutungslosigkeit. Die einzigen Gründe, warum Deutschland – ich erwähnt es bereits – immer noch auf Platz 4 steht, wenn es um die Höhe des Bruttosozialproduktes geht, sind:

1. Die deutschen Unternehmen sind fitter und cleverer als unsere Politiker und ignorieren den Stillstand und die Bürokratie, wo sie können.

2. Die meisten anderen Länder versagen genauso oder sogar noch mehr.

Als nächstes kommt ein kleiner Exkurs.

# KAPITALISMUS VERSUS MARXISMUS – KARL MARX CONTRA ADAM SMITH

Der Marxismus ist nicht widerlegt, aber er läuft dem menschlichen Willen zuwider. Auch wenn Privateigentum verboten würde, so gäbe es weiterhin den Willen zum Privateigentum (Leben ist Wille), und wo ein Wille ist, ist auch ein Weg. Auch im Kommunismus und Sozialismus gab und gibt es Privateigentum, nur eben für jeden deutlich weniger als im Kapitalismus.

Mit der menschlichen Entwicklung geht Privatbesitz einher, also im wahrsten Sinne ist der private Besitz von Gütern zur Natur der Erziehung und Gesellschaft in Mark und Bein gegangen.

Marx und Smith waren Ökonomen und Philosophen und beide haben die Welt enorm beeinflusst, diese quasi in zwei Teile aufgespalten.

Der Schotte Adam Smith lebte von 1723 bis 1790. Er war ein Kind der »Aufklärung« und hatte ein positives Menschenbild – ein positiveres, als ich es habe. Nach seinen Theorien verhält sich der Mensch instinktiv positiv zu seinen Mitmenschen, weil dies ihm mehr nützt, als auf Konfrontationskurs zu gehen. Smith ging davon aus, dass uns die Sympathie für unsere Mitmenschen in die Wiege gelegt wird. Das halte ich für übertrieben und historisch widerlegt.

In *Wohlstand der Nationen* bezeichnet er die Arbeit als Quelle und Maßstab des Wertes von Gütern. Der freie Wettbewerb legt bei Smith die Grundlage für eine zu gesellschaftlichem Reichtum führende Arbeitsteilung.

Smith sieht durch die unsichtbare Hand, die über das Marktgeschehen den gesellschaftlichen Reichtum erhöht, zugleich das allgemeine, gesellschaftliche Glück erhöht – wenn auch mehr oder weniger zufällig. Zwar macht die Verteilung der Güter über den Markt nicht alle gleich reich, doch immerhin können auch die Diener und Tagelöhner vom Reichtum der Grundbesitzer und Fabrikanten profitieren, weil auch die Reichen nicht mehr essen können, als ihr Magen fasst.

Dieser Gedanke von Smith ist natürlich grundlegend falsch, denn die Gier des Menschen kennt keine Grenzen. Auch wenn der Mensch sicher nicht unendlich viel essen kann, will er doch stets mehr Häuser, Aktien, Autos und Uhren einsacken – und im Extremfall sogar zum Mars fliegen. Die Reichen werden immer Gründe finden, warum sie mehr und mehr brauchen.

Smith beginnt das erste Kapitel von *Wohlstand der Nationen* mit einer Untersuchung der Arbeitsteilung, die nach seiner Auffassung von zentraler Bedeutung für wachsenden Wohlstand ist: »Die Arbeitsteilung dürfte die produktiven Kräfte der Arbeit mehr als alles andere fördern und verbessern.« Die Wirkung der Arbeitsteilung zeigt er am Beispiel der Stecknadelproduktion auf: Wenn nicht die Arbeitsteilung aus der Stecknadelproduktion ein eigenständiges Gewerbe mit speziellen Maschinen gemacht hätte, könnte ein nicht speziell in diesem Handwerk ausgebildeter Arbeiter »sicherlich keine zwanzig Nadeln und vielleicht nicht einmal eine Nadel am Tag herstellen«. Hingegen stellen in einer kleinen spezialisierten Manufaktur zehn Arbeiter täglich etwa 48.000 Stecknadeln und somit jeder Arbeiter 4.800 Stecknadeln her. »Und dieses ungeheure Anwachsen der Produktion in allen Gewerben, als Folge der Arbeitsteilung, führt in einem gut regierten Staat zu allgemeinem Wohlstand, der selbst in den untersten Schichten der Bevölkerung spürbar wird.«

Arbeitsteilung entwickelte sich aufgrund der angeborenen Neigung des Menschen zum Tausch: »Wie das Verhandeln, Tauschen und Kaufen das Mittel ist, uns gegenseitig mit fast allen nützlichen Diensten, die wir brauchen, zu versorgen, so gibt die Neigung zum Tausch letztlich auch den Anstoß zur Arbeitsteilung.« Nur der Mensch hat nach Adam Smiths Beobachtung die natürliche Neigung zum Tausch: »Jene Eigenschaft ist allen Menschen gemeinsam, und man findet sie nirgends in der Tierwelt, ... Niemand hat je erlebt, dass ein Hund mit einem anderen einen Knochen redlich und mit Bedacht gegen einen anderen Knochen ausgetauscht hätte ...«

Dass Monopole und Kartelle den freien Wettbewerb behindern, hielt Smith für besonders schädlich. Was er damals noch nicht wissen konnte, ist, dass genau diese sich durchsetzen würden. Monopole wurden oft mit Gewalt und Gesetzen geschaffen, und so konnte sich eben kein fairer Preis bilden und die Gewinne regulieren – heutzutage gilt das auch für den Technologiesektor, den es ja unter Smith noch nicht gab. Patente und Lobbygruppen taten und tun ihr Übriges, um Marktregulierungen auszuschließen.

Smith plädiert für den freien Arbeitsmarkt, wo Angebot und Nachfrage die Höhe des Lohnes bestimmen: »Es gibt jedoch gewisse Umstände, die den Arbeitern einen Vorteil gewähren und sie in den Stand setzen, ihren Lohn weit über jenen Satz zu erhöhen, welcher offenbar der niedrigste ist, der sich mit der allergewöhnlichsten Menschlichkeit verträgt. Wenn in einem Lande die Nachfrage nach denen, die vom Lohne leben – Arbeiter, Gesellen, Dienstboten aller Art –, andauernd wächst, wenn es jedes folgende Jahr eine größere Anzahl derselben Beschäftigung gibt als im vorhergehenden, so haben die Arbeiter keinen Anlass, sich zur Erhöhung des Lohnes zu verbinden. Der Mangel an Händen ruft eine Konkurrenz unter den Meistern hervor, die, um Arbeiter zu bekommen, einander in die Höhe treiben und so von selbst die natürliche Übereinkunft der Meister, den Lohn nicht steigen zu lassen, wirkungslos machen.«

Das hätten sich mal die Krankenhäuser durchlesen sollen, als in 2021 so vielen Intensivpflegern gekündigt haben. Dazu später mehr.

Lohnerhöhungen sind, so Smith, eine notwendige Folge von Wirtschaftswachstum: »Es sind folglich nicht die wohlhabenden Länder, in denen der Arbeitslohn am höchsten ist, sondern jene, die sich am schnellsten entwickeln oder am raschesten reich werden.« Smith erläutert dies am Beispiel des zu seiner Zeit aufsteigenden Nordamerikas. Dort lagen die Löhne höher als im damals reicheren England. Ausgehend von seinen Beobachtungen zur damaligen Zeit untersucht Smith den Zusammenhang zwischen der Höhe des Lohns und der Bevölkerungsentwicklung. »Der Mensch ist darauf angewiesen, von seiner Arbeit zu leben, und sein Lohn muss mindestens so hoch sein, dass er davon existieren kann. Meistens muss er sogar noch höher sein, da es dem Arbeiter sonst nicht möglich wäre, eine Familie zu gründen; seine Schicht würde dann mit der ersten Generation aussterben.« Wenn die Entlohnung der Arbeit reichlicher wird, können die Armen ihre Kinder besser versorgen und folglich mehr von ihnen aufziehen. »Es sollte jedoch nicht übersehen werden, dass dies lediglich in dem Maße möglich ist, in dem die Nachfrage [der Unternehmer] nach Arbeit zunimmt. [...] bliebe der Lohn einmal unter der erforderlichen Höhe, würde ihn der Mangel an Arbeitskräften bald wieder hochtreiben. Wäre er dagegen einmal höher, würde ihn die übermäßige Vermehrung sehr bald wieder auf die notwendige Höhe herabdrücken. In einem Falle wäre der Markt mit Arbeitskräften unterversorgt, im anderen überversorgt, so dass die Marktkräfte den Lohn auf einem Niveau einpendeln würden, das den jeweiligen Verhältnissen in dem Lande entspricht.«

Wir sehen also, dass Smith sehr gut die Lage und die Entwicklung unseres Kapitalismus vorhergesehen hat. Er hat jedoch nicht mit der Internationalisierung der Wirtschaft gerechnet. Denn anstatt heimische Arbeiter gut zu bezahlen, übernehmen nun einfach Kinder in der Dritten Welt und China die Arbeit. Ebenfalls total daneben lag Smith in der Annahme, der Unternehmer würde den Gewinn einfach so kalkulieren und akzeptieren wie die Lohn- oder Warenkosten. In Wirklichkeit stellte sich gerade nach dem Zweiten Weltkrieg heraus, dass Unternehmer den Hals nicht vollkriegen, und ab dem 21. Jahrhundert übernahm der Turbo-Kapitalismus dann komplett das Ruder und die Gier gewann. Wenn ein iPhone für 1.000 Euro verkauft wird, dann darf es natürlich nur 30 Dollar in der Herstellung kosten, denn sonst stimmt die Marge nicht. Schließlich muss Apple mindestens 15 Milliarden Profit pro Quartal machen, sonst sind die Aktionäre sauer und müssen am Hungertuch nagen. Unternehmer bilden eben Kartelle und Monopole, wollen Löhne drücken, Preise erhöhen, keine Steuern zahlen und haben keineswegs vor, nach dem Motto »Herrsche und Teile« zu agieren – sondern eher nach dem Motto: »Solange ich immer reicher werde, ist mir alles andere vollkommen egal.« Unternehmen wie Facebook, Google, Microsoft, Apple und Amazon wachsen immer weiter, machen die Aktionäre immer reicher, aber das Finanzamt bekommt nichts, denn sie siedeln sich in Steuersparparadiesen an oder machen fleißig Verluste, während sie trotzdem immer genug Geld haben, die Konkurrenz aufzukaufen. Sie interessieren sich weder für die Lage anderer Menschen noch für das Große und Ganze, denn sonst müssten nicht Millionen Menschen in den USA zwei oder drei Jobs gleichzeitig machen, damit sie ihre Miete bezahlen können. In den letzten 20 Jahren hat sich der Reichtum der Top 0,01 Prozent der Bevölkerung verfünfzigfacht, während die Löhne lediglich um 2 Prozent pro Jahr steigen – wenn man Glück hat. Ein Paradebeispiel, dass Löhne eben nicht durch die Nachfrage nach bestimmten Berufsgruppen marktgerecht steigen, sind die Intensivpfleger in den Krankenhäusern. Deutschland hat während der Coronapandemie über 6.000 Intensivpfleger verloren, weil diese den harten Job nicht mehr weitermachen wollten und konnten. Das hatte während der vierten Coronawelle im Herbst 2021 dramatische Konsequenzen, da so die Zahl der ohnehin schon zu wenigen Klinikintensivbetten um mehrere tausend fiel. Wegen der angeblich drohenden Überlastung der Intensivstationen wurden dann aber weitere Einschränkungen der Wirtschaft und des öffentlichen Lebens beschlossen, die pro Woche über 10 Milliarden Euro Umsatzverluste allein in Geschäften, Hotels, Restaurants, Klubs, Bars, Kinos, Fitnessstudios, Theatern, Kultur- und Sportveranstaltungen und in der Touristik erzeugten. Wenn man den ehemaligen Intensivpflegern den Marktpreis angeboten hätte, um sie zurückzuholen und bei der vierten Welle aushelfen zu lassen, hätten viele sicherlich ihren Burn-out vergessen und sich motivieren lassen.

Der Verlust der Wirtschaft von einer Woche aufgeteilt auf die Intensivpfleger hätte jedem von ihnen 2 Millionen Euro beschert. Die Politik versuchte es mit einer Prämie von 1.300 Euro pro Pfleger, was nicht mehr als eine kleine Geste bedeutete. Endergebnis: Die Zahl der Intensivbetten in Deutschland schrumpfte 2021 inmitten der Pandemie um 4.000 auf 22.200 (https://www.aerzteblatt.de/nachrichten/128476/Intensivmediziner-4-000-Intensivbetten-weniger-seit-Jahresbeginn), was bei einer Bevölkerung von 83 Millionen Menschen einer Unverschämtheit gleichkommt und als unterlassene Hilfeleistung zu bewerten ist. Wir sollten 35.000 Intensivbetten immer einsatzbereit haben und dementsprechend auch Intensivpfleger beschäftigen, die bei Niedrigbelegung als normale Pfleger arbeiten können. Mein Vorschlag war, den Intensivpflegern 50.000 Euro Bonus anzubieten, wenn sie zurückkommen, und den bestehenden Pflegern 50.000 Euro Weihnachtsbonus zu zahlen.

Karl Marx (1818 bis 1883) hatte den Vorteil, 100 Jahre später zu leben als Smith. So sah er, was die industrielle Revolution lostrat: nämlich den Turbokapitalismus. Daher hatte er eine andere Sicht als Smith und legte 1867 sein Hauptwerk *Das Kapital* vor, nachdem er schon 1848 mit Friedrich Engels *Das Manifest zur Kommunistischen Partei* veröffentlichte und dafür dann ein Jahr später aus Deutschland rausgeschmissen wurde. Der Marxismus ist die Grundlage des Sozialismus und des Kommunismus und Marx selber war politisch viel aktiver als Smith, der ein unscheinbares Leben führte und nur durch seine Schriften auffiel.

Marx Analyse des Kapitalismus ist bis heute sehr nahe an der Realität!

> *Wie Darwin das Gesetz der Entwicklung der organischen Natur, so entdeckte Marx das Entwicklungsgesetz der menschlichen Geschichte: [...]; dass also die Produktion der unmittelbaren materiellen Lebensmittel und damit die jedesmalige ökonomische Entwicklungsstufe eines Volkes oder eines Zeitabschnitts die Grundlage bildet, aus der sich die Staatseinrichtungen, die Rechtsanschauungen, die Kunst*

*und selbst die religiösen Vorstellungen der betreffenden Menschen entwickelt haben, und aus der sie daher auch erklärt werden müssen nicht, wie bisher geschehen, umgekehrt. Damit nicht genug. Marx entdeckte auch das spezielle Bewegungsgesetz der heutigen kapitalistischen Produktionsweise und der von ihr erzeugten bürgerlichen Gesellschaft. Mit der Entdeckung des Mehrwerts war hier plötzlich Licht geschaffen […].*

*Friedrich Engels, Das Begräbnis von Karl Marx, MEW, Band 19, S. 335–339.*

*Die Geschichte aller bisherigen Gesellschaft ist die Geschichte von Klassenkämpfen.*

*Marx-Engels-Werke Band 4, S. 462.*

Dies ist ein sehr schönes Zitat, und da Marx Sigmund Freud nicht kannte, konnte er es nicht wirklich so schön sagen wie ich: Auf Sex und/oder Gier kann man alle geschichtlichen Großereignisse zurückführen. Und eben deswegen ist auch jede Gesellschaft im Kern auf Gewalt und Gewaltandrohung aufgebaut. Klar gibt es den Wunsch, in Frieden zu leben, und das Motto »leben und leben lassen« steht in Demokratien hoch im Kurs. Doch selbst in Europa und Amerika hält sich die Bevölkerung nur an Gesetze, Regeln und Verhaltensweisen, weil sonst ein Mechanismus in Kraft tritt, der bereit ist, jeden Einzelnen gewaltsam einzunorden oder eben fertigzumachen. Wenn man bei einer Verkehrskontrolle die Sau rauslässt und sich nicht so verhält, wie es regelkonform wäre, dann wird man eben aus dem Auto geholt und landet erstmal in einer Zelle. Und Ähnliches passiert, wenn man im Restaurant nicht bezahlen will, bei Aldi keine Maske aufzieht, sein Kind zu oft die Schule schwänzen lässt oder im Park Bäume fällt, weil man Brennholz sammeln will. Ganz schnell wird da Gewalt zur Verhaltensänderung eingesetzt, und daher – ich betone es immer wieder – sind eben alle Staatsformen, auch Demokratien, auf Gewalt aufgebaut.

In totalitären Staaten sind die Gesetze und Verhaltensregeln dann noch strenger und filigraner aufgebaut, indem auch Meinungs-, Kunst- und Pressefreiheit verboten sind und jegliche Kritik am jeweiligen Diktator (oder der »demokratisch« gewählten Einheitspartei) zu Gummiknüppel, Knast oder dem Ende durch chemische Kampfstoffe und/oder Unfälle und andere »zufällige« unglückliche Umstände führt. Dass Gewalt funktioniert, zeigt sich ja ganz konkret an der sinkenden Kriminalitätsrate in Afghanistan, seit die Taliban übernommen haben. Wenn ein Dieb absolut sicher weiß, er bekommt die Hand abgehackt, wenn er erwischt wird, dann wird der ein oder andere Apfel eben nicht geklaut.

Kapitalismus ist gemäß Marx eine Wirtschaftsordnung, die sich durch Folgendes auszeichnet: Aus Privateigentum stammende Produktionsmittel werden für einen den Preis bestimmenden Markt genutzt. Dabei geht es um ständige Profitmaximierung, und es entsteht ein Widerspruch zwischen Lohnarbeit und Kapital. Das wiederum führt in der Gesellschaft zu Elend, Ausbeutung und Entfremdung.

Im Grunde genommen hatte Karl Marx mit dieser Analyse nicht Unrecht, nur leider stellte sich dann im gelebten Sozialismus heraus, dass die Bevölkerung noch viel mehr Elend und Ausbeutung erleiden musste als im Kapitalismus.

Immerhin: Dank Marx gab es Gewerkschaften, die SPD und andere Parteien, die im 20. Jahrhundert nicht nur das Leben der Arbeiter einigermaßen erträglich gestalten konnten, sondern auch durch Maschinen und neue Technologien viele Jobs so veränderten, dass man nicht mehr durch Stollen kriechen musste. Stattdessen durften Arbeitnehmer den ganzen Tag auf ihrem Fettarsch im Büro sitzen. Und statt Narben und Hornhaut von der Arbeit dominierten Diabetes und Raucherlunge. Die Mittelschicht wurde geboren und bildete nach dem Zweiten Weltkrieg den Hort der Zufriedenheit, den der Osten nie erreichte.

Unerbittlich standen sich seit der russischen Oktoberrevolution 1917 Kommunisten und Kapitalisten gegenüber, und nach dem Zweiten

Weltkrieg verschärfte sich die Lage zwischen dem Westen (NATO) und dem Osten (Warschauer Pakt, China, Nordkorea, Kuba) – oft bis kurz vor einer Eskalation. Da aber ein Angriff dank Atomraketen für beide Seiten katastrophal enden würde, beruhigte sich die Lage immer wieder (Kuba-Krise 1962 et cetera). Und da der Westen dank seiner florierenden Wirtschaft mehr Geld und bessere Technologien hatte, wurde der Osten totgerüstet und am 31. März 1991 der Warschauer Pakt aufgelöst. Am 9. November 1989 war schon die Berliner Mauer gefallen und fleißig per Hammer in Kunstobjekte verkleinert worden, und ab da war das Thema eigentlich gegessen, wenn auch nicht für Russland, China, Nordkorea und einige Kleinstaaten, die weiter auf dem Papier sozialistisch/kommunistisch geblieben sind.

Dort regiert das Motto: »Euch, liebes Volk, gehört nur so lange etwas, wie wir, die Partei, es euch lassen! Das heißt zum Beispiel: Euch Aktionären gehört Alibaba und auf dem Papier seid ihr Milliardäre, aber wenn ich, der Staatschef morgens mal schlecht aufwache, gehört es euch nicht mehr, sondern wieder dem Volk oder der Partei oder mir, während ihr ins Umerziehungslager (die russisch-chinesische Form der Betty Ford Klinik) abgeschoben werdet und dort jeden Tag 75 Mal die Nationalhymne singen müsst.«

Der Karl-Marx-Block schrumpfte also mit der Zeit deutlich, und in sozialistischen Staaten hielt der Kapitalismus Einzug. Chinesen, Russen und Araber sind mittlerweile die besten Kunden, wenn es um idiotisch bunte Versace- oder Dolce & Gabbana-Klamotten geht. An goldenen Kappen, Handtaschen und ähnlichen Clownskostümen kann man sie schon von weitem erkennen, wenn sie durch die Innenstädte bummeln. Der liebe Karl würde sich im Grabe umdrehen, wenn er all die russischen Oligarchen auf ihren Yachten sähe, die dann mit ihren Helikoptern zum Spiel ihrer eigenen Fußballklubs fliegen. Und dies auch noch in seiner Exil-Heimat England.

Worin Karl Marx komplett falsch lag, war zu glauben, dass es Menschen gibt, die ihre Machtstellungen nicht erbarmungslos zu ihrem Vorteil ausnutzen. Der Kommunismus könnte ja nur funktionieren, wenn die hohen Partei-Kommunisten das Volk zwar regieren, aber aus Solidarität genauso scheiße leben wie das Volk, also die Leistungen tatsächlich für alle gleich sind: Einkommen, Essen (19 Bananen jährlich pro Haushalt), Wohnungen, Trabi, Urlaub – gleiches Recht für alle, egal welches Funktionsrädchen sie ausfüllen. Das ist natürlich pure Theorie, denn in der Praxis hat das schon bei Lenin nicht geklappt und während in Nord-Korea und Russland in den letzten 80 Jahren über 30 Millionen Menschen verhungert sind, sahen die Herrscher immer aus wie »Schweinchen Dick«. Hören Sie mal Kindern beim Spielen zu. Da wird schon im jungen Alter Eigentum verteidigt, als ob es kein Morgen gibt:

»Das ist mein Lego, Hände weg!«

»Papa, Manuel muss jetzt gehen, ich habe ihm verboten, mit meinem Transformer zu spielen!«

»Darf ich auch mal Brawl Stars auf deinem iPad spielen?« – »Okay, aber nur ein Spiel!«

Und so weiter und so fort ...

Kommunismus ist bisher immer zur Diktatur geworden, denn natürlich setzt die Gier ein, und so regiert letztlich eine Herrschaftselite gegen das Volk. So etwas »die Diktatur des Volkes« zu nennen, ist Augenwischerei und ein unzutreffendes Wortspiel.

Mark Zuckerberg, Jeff Bezos und Co. sind aus demselben Holz geschnitzt wie Putin oder Xi Jinping, sie wollen Macht und Geld, und zwar immer mehr und für immer. Natürlich sind Putin und Xi noch mächtiger, weil sie auf den roten Knopf drücken können, eine Armee haben und mit Plutonium im Kaffee ihre Gegner ins Nirwana senden, aber dafür haben sie auch ein höheres Risiko, irgendwann vom Volk ebenfalls ad acta, also ins Grab gelegt zu werden. Um es nochmal ganz klar zu sagen: Wenn die Reichen und Mächtigen vor der Entscheidung stünden, einen Großteil ihrer Macht und ihres Geldes abzugeben, damit die Masse überlebt, dann wäre die Antwort: Nein! Sie würden lieber wegschauen, und die Hälfte der Weltbevölkerung könnte verrecken. Es ist ihnen egal, oder wie der geniale US-Stand-Up Comedian George Carlin sagte: »They give a shit about you!"

Zur sozialen Marktwirtschaft und Demokratie gibt es trotz der vielen Fehler und des Versagens der Politiker keine wirkliche Alternative, denn die menschliche Natur wird immer im Weg stehen und sich durchsetzen. Monarchen und Diktatoren sind immer nur so lange nett zu ihrem Volk (wenn überhaupt), wie sie in Saus und Braus unangetastet herrschen können. Jede Kritik oder Störung führt zu direktem Druck nach unten. Allerdings hat ein Land wie China auch enorme Wettbewerbsvorteile, denn es wird weder Geld noch Zeit für Wahlkampf oder Debatten vergeudet, und es kann länger geplant werden als nur für eine Legislaturperiode, und das ist extrem hilfreich – sei es bei der Schaffung von Infrastruktur, bei der wirtschaftlichen »Invasion« von Afrika, beim Kampf gegen Global Warming oder bei der Zerstörung der Freiheit aller Andersdenkenden.

Wo wir nun schon beim lieben Geld sind, auf zum nächsten Kapitel.

# AKTIEN-CRASH

Wie kommt es zu einem Aktien-Crash? Die meisten Crashs entstanden, weil etwas wirklich faul war und das Vertrauen in die Märkte bis zu einem Punkt schrumpfte, an dem ein panischer Ausverkauf begann. Und was ging dem Vertrauensverlust voraus? Meistens eine Spekulationsblase. Das heißt, die Aktienindizes kannten jahrelang nur die Kurve nach oben, aber dann wurde klar, dass das gesamte Wachstum auf Pump finanziert war, und schon krachte es katastrophal. Vor 1929 verdreifachte sich der Dow Jones an der Wall Street von 100 auf weit über 300 Punkte. Jeder Penner pumpte seine letzte Kohle in Aktien. Dann am 24. Oktober 1929 ging ein einziger Londoner Spekulant bankrott und der Ausverkauf begann, wurde aber an diesem Tag durch Stützungskäufe der FED abgefangen. Durch den Spontan-Bail-out endete der Dow an dem Tag nur knapp 2,1 Prozent niedriger als am Vortag, aber das Vertrauen schmolz täglich, und knapp fünf Tage später bekamen auch die Banken Angst, stellten viele Kredite fällig und das war das Ende. Der Dow fiel in den nächsten Jahren auf unter 50 Punkte, 30 Prozent der Bevölkerung wurden arbeitslos, das Bruttosozialprodukt brach ebenfalls um 30 Prozent ein, und der Dow erreichte erst 1954 wieder seinen Stand von 1929. Das alles hätte nicht passieren müssen, aber das Vertrauen war weg, und so war es auch bei den anderen größeren Crashs:

- 1987: Sorgen um den Welthandel.
- 1997: Die Asien-Krise.
- 2000: Die Dotcom-Blase.
- 2007/2008: Die Hypothekenkrise.

Ich habe bei jedem Crash ab 1987 Geld verloren, nur im Corona-Crash 2020 nicht, weil ich da den Index nachgekauft, Biontech gekauft und meine anderen Aktien nicht verkauft habe. Aber unvergessen bleiben mir meine Pan-Am-Aktien, die ich mir an die Wand heften konnte, als sie wertlos wurden. Oder die Commerzbank, die von 360 D-Mark auf 20 Euro fiel. Als in der Dotcom-Blase EM-TV mehr Geld wert war als Disney, stieg ich zum Glück rechtzeitig aus. »Gier frisst Hirn« war die Lockline zum Meltdown des Neuen Marktes. Zu dem Zeitpunkt arbeitete ich bei der hr-Tochterfirma Taunusfilm in Wiesbaden, und als wir von der Cinemedia AG geschluckt wurden, einer Firma, die vom »Computer 2000«-Inhaber zusammengekauft wurde, stand dem Konkurs auch der Taunusfilm ein paar Jahre später nichts mehr im Wege. Der Hessische Rundfunk behielt die Immobilie »Unter den Eichen« und verkaufte den Rest für viel Geld an die Cinemedia, die dann sofort an die Börse ging und von zig Anlegern hunderte von Millionen einsammelte. Der Einstiegskurs lag bei 128 Euro, und heute steht die Aktie bei 0,02 Euro. Zyniker könnten sagen: Wie man sieht, ein echt gutes Langzeitinvestment, wie es sich auch Warren Edward Buffett suchen würde. So wie in den gerade beschriebenen Fällen erging es eigentlich allen um die Jahrtausendwende, als der Neue Markt und die Dot-Com Blase entstanden. Intertainment lag bei 125 Euro und steht heute bei auf 40 Cent. Auch die Deutsche Telekom war dabei, als ihre Aktie von 14 auf 103 Euro stieg. Heute ist sie je nach Tagesform um die 17 Euro wert.

Auch bei der Immobilien-Hypothekenblase in den USA war 2008 das Vertrauen auf einmal pulverisiert und der Markt kollabierte innerhalb von 48 Stunden. Der solchen Crashs vorausgehende Vertrauensverlust war stets berechtigt, denn die Kurs-Feuerwerke waren im Prinzip Ponzi-Schemas, und sie funktionierten nur so lange, wie frisches Geld reinkam. Privatanleger und Banken liehen sich Geld – in der Hoffnung, die Kurse der Aktien beziehungsweise die Immobilienpreise würden immer weiter nach oben gehen und es stünde weiterhin genug Kreditvolumen steht zur Verfügung, um fällige Kredite durch ähnliche Konditionen zu verlängern. So verwaltete der Wertpapierhändler Bernie Madoff zum Beispiel 60 Milliarden Dollar für seine Anleger, und alle waren happy über 8 bis 12 Prozent Rendite pro Jahr.

Als dann die Börse 2008 knallte und Anleger ihr Geld wieder wollten, um Kredite zu tilgen, konnte er nicht zahlen, denn die Dividenden hatte er immer aus neuem Kapital bezahlt und die Anlagen gab es nur auf dem Papier. Als er dann eingebuchtet wurde und 2021 im Gefängnis starb, wurden die Banker der Großbanken nicht verurteilt, ja nicht einmal angeklagt. Sie waren »Too Big to Fail« und bekamen alles Geld der Welt von der FED geliehen, um ihren Arsch zu retten. Selbst Richard Fuld, der die Investmentbank Lehman Brothers in die Pleite getrieben und hunderte Milliarden versenkt hatte, ging mit 300 Millionen Dollar Gehalt und Abfindung nach Hause statt in den Knast.

Seit der kleinen Corona-Delle 2020 schwebten bis zum Ukrainekrieg die Kurse auf Rekord-Höhen. Und warum? Erfüllten wir wieder alle Kriterien für einen nahenden Crash? Leider ja, denn Geld wird fast zinslos hin- und hergeschmissen, und da niemand Geld mit Bonds und Festgeld- oder Sparbuchzinsen verdienen kann, sind Unmengen in Aktien investiert. Die Inflation gewinnt an Fahrt, was dann bei gleichen Gehältern den Konsum etwas abflauen und die Staatsschulden explodieren lassen wird. Hilfspakete haben eben doch irgendwann Konsequenzen. Die Corona-Pandemie sowie Überschwemmungen und Brände haben Billionen Schäden verursacht, die die Staaten mittels Geldpresse abmildern wollen, aber die Schulden- und Zinslast drückt. Die Frage ist, ob und wann ein Vertrauensverlust quasi als Initialzündung für den nächsten Crash eintreten wird. Dieser Crash kann dann aber verheerend ausfallen, weil der Crash ja gerade wegen der Staatsverschuldung zustande kommt. Das heißt: Ein weiterer Bailout würde die Situation konterkarieren und dann gegebenenfalls verschlimmern. Ein gutes Beispiel für zu viel Geld im Markt und dafür, dass das klassische Unternehmertum keine Rolle mehr spielt, ist der Verkauf der Filmfirma von Reese Witherspoon für 950 Millionen Dollar an einen Hedgefonds. Sie hat mit ihrer Produktionsfirma ein paar Fernsehserien gedreht, ist ein Star und sieht gut aus. Das verdoppelt schon mal den Preis, aber dieser spielt für den Käufer Blackstone sowieso keine Rolle, denn die buchen die 950 Millionen Dollar Investition ja als Asset, egal wie viel Geld die Firma macht. Ich bin ja schon lange im Filmgeschäft unterwegs und ich würde sagen, dass

Witherspoons Firma pro Jahr 10 Millionen Gewinn macht, wenn es gut läuft. Wie lange also müsste Blackstone warten, um die 950 Millionen wieder herausziehen zu können? 95 Jahre, und bis dahin ist auch die schöne Reese nicht nur alt, sondern mausetot und verschimmelt. Kurzum: Das Investment ist nichts anderes als Spaß und bringt Presse und wird nicht als Verlust gebucht, obwohl man dies eigentlich schon am Tag eins nach dem Kauf machen müsste. Blackstone hat 540 Milliarden Dollar unter Management und bestimmt auch ein paar Knaller, die wirklich Geld verdienen, daher kräht kein Hahn mehr danach, und Reese kann schon mal ihr 20-Millionen-Haus zum Verkauf anbieten und sich nach Häusern für über 50 Millionen umschauen.

Ich war ja auch an der Börse (Boll AG), nämlich im Entry Standard in Frankfurt – eine absolute sinnfreie Zeitverschwendung, in die mich eine Beratungsfirma reingezogen hat. Zum Glück hatte ich nur 8 Prozent meiner Firma an die Börse gebracht, so war es einfacher für mich, die Aktien nach drei Jahren zurückzukaufen und mich wieder vom Parkett zu verabschieden. Die Boll AG startete mit 29,50 Euro, der Erlös des Börsengangs lag um die 800.000 Euro. Nach einer Woche ging es mit dem Kurs bergab, denn wenn eine Aktie kaum an- oder verkauft wird, geht der Kurs automatisch nach unten. Ich dachte, wenn eine Firma Geld verdient, und das tat die Boll AG, steigt auch der Kurs, aber so ist es eben nicht. Stattdessen muss man pausenlos Geld für Investor-Relations ausgeben und versuchen, dass Aktienfonds in die Aktie investieren. Als der Kurs auf 3 Euro war, zahlten wir 50 Cent Dividende aus, also fast 20 Prozent Rendite, aber auch das hatte keinerlei Einfluss auf den Börsenkurs. Bei der alljährlichen Aktionärsversammlung kamen immer so um die 20 Leute, wovon zehn nur eine Aktie hatten, aber quasi hauptberuflich auf solche Versammlungen gingen, um kostenlos Kaffee und Kuchen zu genießen. Die anderen zehn Aktionäre hatten auch nur wenige Aktien, verhielten sich bei den Hauptversammlungen aber absichtlich unverschämt, denn ihr Ziel war es, dass ich die Aktien wieder zurückkaufen würde, um sie loszuwerden. Und genau das tat ich dann auch, allerdings nicht so, wie von ihnen geplant. Die letzte Hauptversammlung hielt ich deshalb bei mir zu Hause im fensterlosen Keller ab und servierte nur Wasser. Die Enttäuschung stand allen ins Gesicht geschrieben, und dann wurde beschlossen, die Boll AG aufzulösen. So hatten sie keine Chance und mussten verkaufen, und das für ein paar Euro pro Aktie und nicht für hunderte von Euro, wie es ihr Plan gewesen war. Insgesamt war die ganze Börsengeschichte für mich und auch für die Anleger enttäuschend, und am Schluss hat mir die Aktion nur eine Erfahrung und fast kein Geld gebracht, denn der Börsenerlös wurde durch Wirtschaftsprüfungs-, Beratungs- und Aufsichtsratskosten fast komplett aufgefressen.

Und nun kommen wir zu einem Finanz- und Politikjongleur allererster Sahne.

# DONALD TRUMP

Als Trump gegen Clinton kandidierte, war ich mir als einer der wenigen sicher, dass er gewinnen würde. Jeder hasste Hillary, und Trump kam oft witzig rüber, war durch die TV-Reality-Show *The Apprentice* sehr bekannt und beliebt. Als Celebrity bekannt und mit großer Klappe versehen führte er einen Negativ-Wahlkampf, in dem er die Obama-Zeit als Katastrophe bezeichnete. Wahlkämpfe, die im Grunde wenig über einen selbst aussagen, aber durchweg die letzte Regierung zur Sau machen, sind oft erfolgreich, und so gewann er, trotz zuvor katastrophaler Umfragewerte.

Was er am Ende seiner Amtszeit versuchte, war nichts anderes als ein Umsturzversuch. Trump ging, und geht es um Macht, denn mit der Macht kommt Geld und damit mehr Macht. Er bewundert Diktatoren, weil die keine Wahlen brauchen, um an der Macht zu bleiben. Wenn der Mob im Kapitol am 6. Januar 2021 abgeräumt und zig Demokraten umgebracht hätte, so hätte Trump das Kriegsrecht verhängt und die Wahl für ungültig erklärt. Noch heute wäre er Präsident und seine Vasallen von den Republikanern würden alles daransetzen, Wahlen komplett abzuschaffen, weil die Demokraten in seiner Welt eine »kommunistische Bedrohung« für Amerika darstellen. Lustigerweise wäre dann aber der »Kommunist Putin« sein bester Freund. Trump würde die NATO auflösen und sein Programm »America first« also »Trump first« eiskalt durchziehen. Er ist ein Faschist, und Joe Biden macht einen riesigen Fehler, ihn nicht wegen Volksverrat, Verfassungsbruch und Verschwörung einzubuchten. Biden hat Angst vor gewalttätigen Eskalationen, sollte Trump hinter schwedischen Gardinen landen, aber solange Trump frei ist, liegen ihm die Republikaner zu Füßen, werden ihn nochmal aufstellen und in zwei Jahren vielleicht sogar gewinnen. Trump hat keinerlei Empathie – weder für andere Menschen noch für die Natur oder Tiere. Seine Söhne sind stolze Großwildjäger, er nutzt sein Amt zum Geldverdienen, bricht jeden Amtseid, beleidigt Freund und Feind, und Diplomatie ist ihm fremd. In seinen vier Jahren hat er bewiesen, dass man als Präsident viel mehr einfach machen kann als die anderen Präsidenten vorher. Obama hat acht Jahre regiert und zum Beispiel ewig schwadroniert, er würde Guantanamo schließen. Hat er aber nicht. Hätte Trump so etwas angekündigt, hätte er es einfach gemacht – und Ende, nur hatte er im Fall Guantanamo daran leider kein Interesse. Im Endeffekt hat Obama im Nahen Osten nur weiter Öl ins Feuer geschüttet. Der Arabische Frühling wurde von Hillary Clinton losgetreten – und was hat er gebracht: Instabilität. Diktatoren wie Mubarak, Gaddafi und Saddam wurden nicht gerade durch die Heilsarmee und Jesus ersetzt, sondern durch radikale Moslemgruppen, den IS und andere vollkommen unberechenbare Geistesgestörte. Trump wollte für sinnlose Kriege und Revolutionen im Nahen Osten kein Geld mehr ausgeben und hat sich rausgehalten. Das war clever, denn auch der Afghanistan-Krieg war komplett sinnlos und hätte nie stattfinden sollen. Trump sagte öffentlich, was wir alle seit zig Jahren wissen: Dass wir die Taliban dort nicht aufhalten können und dass sich Länder wie Afghanistan nur von innen erneuern können. Wenn wir Kriege endlos führen, damit Frauen wählen gehen können, dann müssten wir halb Afrika angreifen und natürlich auch unsere »Freunde« aka »Investoren und Kunden« wie Saudi-Arabien, Katar und Dubai besetzen.

Trump sah keinen Sinn darin, dass die USA weiter die Weltpolizei spielen sollen. Für ihn war das Geldverschwendung, und das ist mir eine sehr sympathische Weltsicht. Er wurde auch pausenlos dafür kritisiert, dass er sich mit Diktatoren wie Kim Jong-un traf, aber warum nicht? Ist es nicht in unser aller Interesse, dass sich solche Länder öffnen? Denn nur wenn McDonald's überall ist, wird auch überall Frieden und Freiheit einkehren.

Trump wurde für seine Migrationspolitik heftig kritisiert. Fotos von mexikanischen Kindern in Käfigen machten die Runde, und die Presse flippte vollkommen gegen diese unmenschliche Politik aus. Allerdings gab es die Mini-Zellen schon unter Obama, nur hatte er bei den Medien einen besseren Stand als Trump, den bis auf Fox News alle anderen Mainstream-TV-Sender hassen. Wie ich schon am Anfang dieses Buches betonte: Ich habe keine Parteibrille auf, sondern sehe Problem für Problem wie es ist. In die USA kommen jährlich über eine Million illegaler Einwanderer aus Lateinamerika, darunter auch viele tausend Kinder, die absichtlich ohne Eltern über die Grenze geschickt werden, denn wenn diese einen Platz bei Verwandten oder Ersatzeltern gefunden haben, haben auch ihre Eltern bessere Chancen, nachzuziehen. Im Jahr 1990 versuchten 3,5 Millionen illegale Migranten, in die USA zu gelangen, im Jahr 2015 waren es 11 Millionen. Mit diesen Zahlen machte Trump Wahlkampf. Er forderte eine Mauer, die es schwerer machen sollte, illegal die Grenze zu überqueren, und diese Mauer sollte auch die Grenzpolizei zumindest in einigen Gebieten entlasten.

Klar könnte man argumentieren, dass viele von den Migranten gebraucht werden, gute Arbeiter sind und dann auch Steuern zahlen, aber sie überqueren die Grenze illegal und stellen sich nicht an der Grenze oder bei einem Konsulat in ihrem Heimatland offiziell an, um Asyl zu beantragen. Klar: Oft ist ihnen das auch gar nicht möglich, aber was kann man nun tatsächlich machen, um ihre Zahl zu verringern? Man kann Milliarden Dollar nach Lateinamerika schicken, damit die Leute zu Hause bleiben, aber ob das wirkt, weiß man nicht. Schließlich werden ja Hilfszahlungen gerne komplett von der örtlichen Diktatur oder Drogenmafia eingesackt. Oder man macht es härter und schwieriger, ins Land zu kommen, durch mehr Polizisten an der Grenze, eine Mauer und eben auch härtere Haftbedingungen, schnellere Abschiebung. Während Trumps Präsidentschaft verringerte sich die Zahl der Illegalen im Land um über eine Million, und durch den Schachzug, Asylsuchende gar nicht mehr in Auffanglagern unterzubringen, sondern in Mexiko an der Grenze versauern zu lassen, sparte die USA enorme Kosten und nahm vielen Migranten die Lust, überhaupt einzuwandern.

Ist das nett und macht das Spaß? Nein! Aber wir als Europäer sollten die Klappe halten, denn wir lassen Migranten in viel schlimmeren

Lagern in der Türkei und Griechenland unter menschenunwürdigen Bedingungen dahinvegetieren, und als Belarus-Diktator Lukaschenko Flüchtlinge über Polen nach Europa schleusen wollte, zogen die Polen mit EU-Duldung sehr schnell einen Grenzzaun.

Trumps effektive Wirtschaftspolitik war extrem schädlich für die Umwelt und das Klima, aber der Wirtschaft ging es gut. Durch seine Zölle gegen China, Europa und Kanada, gekoppelt mit Steuersenkungen, wurden tatsächlich mehr Jobs in den USA geschaffen. Er vertritt die Auffassung, dass Global Warming nicht existiert, und wenn doch, dann können wir in seinen Augen sowieso nix mehr ändern und sollten deshalb einfach so weitermachen wie bisher und schauen, was passiert. Diese Einstellung wäre nur insofern fatal, wenn die anderen Länder tatsächlich die Klimaveränderung durch ihre Maßnahmen stoppen würden. Das tun sie aber nicht, denn alle Regierungen weltweit ignorieren die Fakten und machen viel zu wenig. Von daher wird Trump recht behalten, denn wir werden kommende Klimaschäden, Brände und Überschwemmungen nicht durch E-Autos und Solar auf dem Dach aufhalten oder umkehren können. Nicht dass wir uns missverstehen: Ich wünschte, Trump und seine ganze Familie wären nie geboren worden, und sollte er wiedergewählt werden, dann können wir uns schon in der Schweiz zum Einschläfern anmelden, aber er wurde oft sehr negativ bewertet, weil er so kommuniziert wie er kommuniziert und nicht für seine Taten. Was Trump aber aufgezeigt hat: Als Präsident kann man Dinge einfach umsetzen, und die Kongressmitarbeiter und Senatoren müssen dann erstmal versuchen, alles wieder rückgängig zu machen. Auch wie Trump als einziger Präsident in der Geschichte drei ultragläubige Christen als neue Richter in den Supreme Court gehievt hat und das Oberste Gericht für lange Zeit auf rechts außen gedreht hat (die Richter sind auf Lebenszeit gewählt), war aus strategischer Sicht genial. Die Folgen sind zum Teil aber wirklich schlimm – zum Beispiel für Vergewaltigungsopfer, die jetzt in vielen Staaten nicht mehr abtreiben können.

Wie auch immer man die Dinge inhaltlich bewertet: Obama hat in »seinen« acht Jahren nichts dergleichen zustande gebracht und nur geredet. Trump hat auch das Gefängnissystem zumindest etwas verbessert (First Step Act, 2018), während Obama immer nur von den Ungerechtigkeiten gegen Schwarze gefaselt hat. Warum hat Obama nicht einfach den vielen schwarzen Häftlingen, die nur wegen kleiner Drogenvergehen für Jahre einsaßen, Pardon gewährt? Keiner hätte ihn aufhalten können. Trump hat seinen korrupten Kumpels Pardon gewährt und auf die öffentliche Meinung geschissen. Konsequenzen gab es keine.

Und Trump hat zwar zunächst die Corona-Gefahr geleugnet, aber als es darauf ankam, hat er für Amerika früh genug ausreichend Impfstoff eingekauft, während Deutschland und die EU einen Lockdown nach dem anderen ausgerufen haben, dann aber zu knauserig waren, sich rechtzeitig Impfstoff zu bestellen.

Als der General und Ex-Verteidigungsminister Colin Powell im Oktober 2021 starb, waren alle Politiker voller Lobes. Nur Trump nicht, denn er sagte, Powell habe vor der UN damals absichtlich gelogen und so den Irakkrieg erst ermöglicht. Zumindest damit hatte er Recht: Wie wir seit Jahren wissen, hätte Bush jr. kein Okay dafür bekommen, den Irak und Saddam Hussein nach den Anschlägen vom 11. September 2001 plattzumachen, wenn Powell nicht gefälschte Unterlagen vorgelegt hätte. Saddam hatte mit den Anschlägen nichts zu tun, und ohne Powells Lüge gäbe es auch den IS vermutlich nicht. Dies kann man einem Menschen nicht verzeihen, und so nett Powell auch später rüberkam: Er hätte dafür ins Gefängnis gemusst, so wie jetzt Trump für seine Betrügereien und den versuchten Umsturz. Trump verkörpert eine alte politische Richtung in den USA, die sehr viele Superreiche unterstützen, den radikalen Liberalismus. Gegen Liberalität ist ja nichts einzuwenden, denn wer ist nicht für Freiheit? Meinungsfreiheit, Presse-, Kunst-, Reise-, FKK-Freiheit sind doch alles schöne Errungenschaften. Aber richtig reiche Säcke in den USA wollen den Staat und seine Institutionen (vor allem den IRS – Internal Revenue Service, also das Finanzamt) abschaffen. Durch Milliarden-Investitionen in die Republikanische Partei sowie in einzelne Politiker, Universitäten, Klubs und Firmen haben sie es schon geschafft, große Teile der Bevölkerung zu überzeugen, »Obama-Care« (also eine Krankenversicherung) würde sie in ihrer Freiheit beschneiden und es wäre besser, sich nicht diesem Zwang zu unterwerfen. Sobald die Leute dann aber tatsächlich Arzt- und Krankenhausrechnungen selber bezahlen müssen, ist der Freiheits-Spaß meist schnell vorbei und der persönliche Insolvenz-Spaß beginnt. Leute wie Peter Thiel, die Koch-Brüder und andere US-Superreiche wollen ohne staatliche Regulation den Kapitalismus (der für sie Freiheit bedeutet) so richtig ausleben. Geht es nach ihnen, dann soll der »Deep State« weg. Damit meinen sie neben der Regierung in Washington auch noch CIA, FBI, IRS, NSA, Supreme Court, NATO, UN sowie die WHO, inklusive der ganzen Gesetze. In den einzelnen Städten und Bundesländern wollen sie alles mit dem Bürgermeister und der örtlichen Polizei regeln und nur Steuern entrichten, um direkt vor Ort Dinge zu bezahlen, wie die Müllabfuhr, den Sheriff oder Schulen. Sollte Trump einmal wiedergewählt werden, dann wird er dies neben den Proud Boys, QAnon-Idioten auch sehr stark seinen Mega-Donors zu verdanken haben. Trump würde dann natürlich nicht sich selber als Regierung auflösen, aber er wird diesen libertären Freiheitskämpfern danken müssen. Und dann passiert das Übliche: Steuern für die Reichen noch weiter runter; Sozialleistungen, Unterstützung für öffentliche Schulen, Unis, Sportvereine, Jugendheime und Krankenversicherungsleistungen runter und Regularien und Umweltschutzauflagen werden gestrichen (dann stimmt wieder der Profit). Positiv könnte immerhin sein, dass militärische Konflikte deutlich abnähmen, weil die klare Haltung der Libertären ist, nur dann Militär einzusetzen, wenn Amerika selber angegriffen wird. Die Kapitalisten sind auch nicht gegen Einwanderer aus Mexiko, weil sie billige Arbeitskräfte super finden, aber sie sehen keinen Sinn in Hilfe für die Dritte Welt und würden sich quasi bis auf Geldgeschäfte aus allem raushalten. Für China und Russland wäre das perfekt, für die EU und die Deutschen eine Katastrophe, denn wir haben uns ja von den USA nun seit 70 Jahren beschützen lassen. Putin könnte dann bei uns das Gas abdrehen und auch in Polen einmarschieren, weil wir ihm militärisch nichts entgegensetzen könnten. Für mich ist klar: Deutschland ist Frontland und wir müssen uns durch ein

EU-Atomraketen-Arsenal schützen, welches jeden Gegner von jeder militärischen Aktion abhalten wird.

Finanziell weitaus erfolgreicher als Trump, aber fast noch näher am Wahnsinn ist der Protagonist des nächsten Kapitels.

# ELON MUSK

Fast jeder hat schon einmal von Elon Musk gehört. Dennoch fasse ich mit Hilfe von Wikipedia noch mal die Grunddaten zu dem in den USA tätigen Unternehmer zusammen: Geboren wurde er 1971 in Pretoria, Südafrika. Er besitzt durch Geburt sowohl die südafrikanische als auch die kanadische Staatsbürgerschaft, 2002 erhielt er zusätzlich die US-amerikanische. Bekannt wurde er als Mitinhaber, technischer Leiter beziehungsweise Mitgründer folgender Firmen: des Bezahldienstes PayPal, des Raumfahrtunternehmens SpaceX und des Elektroautoherstellers Tesla.

Durch den Erfolg der von ihm gegründeten Unternehmen avancierte Musk zu einem der vermögendsten US-Amerikaner. Im Jahre 2019 schätzte das *Forbes*-Magazin sein Vermögen auf 22,3 Milliarden US-Dollar, womit er den 40. Platz der reichsten Menschen der Welt belegt. Ende 2021 galt Musk dann mit einem Vermögen von fast 263 Milliarden US-Dollar noch vor Amazon-Gründer Jeff Bezos als der reichste Mensch der Welt.

Ich besaß einmal Tesla-Aktien und habe diese für 200 Dollar pro Stück mit leichtem Verlust 2020 verkauft, weil zu diesem Zeitpunkt Musk pausenlos twitterte, er habe vor, all seine Häuser und Wohnungen zu verkaufen. Auch schon vorher kam ich zu der Überzeugung, dass er nicht mehr alle Latten am Zaun hatte, da er ja zum Beispiel 2016 erklärte, die Menschen und unsere Welt wären nur eine Simulation. Außerdem bezeichnete Musk im Dezember 2017 öffentliche Verkehrsmittel als »absolut schrecklich«, da man diese zusammen mit Fremden nutzt und einer dieser Fremden ein potenzieller Serienmörder sein könnte. Natürlich war er auch gegen alle Corona-Beschränkungen und bezeichnete diese als faschistisch. Außerdem fing er an, einen Tunnel in Los Angeles graben zu lassen, um so den täglichen Verkehrsstau zu reduzieren. Ich war oft in Los Angeles und die Stadt ist:

1. Erdbebengebiet
2. auf Meereshöhe und
3. 8 Kilometer lang, sodass es wenig helfen wird, wenn irgendwo ein paar Kilometer Tunnel verlaufen.

In Musks Tunnel sollten dann die Autos auf Fließbändern transportiert werden, mit der Vision eines Hyperloop-Transportsystems, wo Menschen unterirdisch in Kapseln mit über 1.000 km/h reisen können. Als er dann auch noch zwei Rap-Songs einsang und diese selbst veröffentlichte, erwartete ich täglich die News, dass er in die Klapsmühle eingeliefert werde.

Wer sein Kind »X Æ A-XII« nennt, ist nicht nur ein wenig exzentrisch, sondern auch ein totaler Egoist, der nicht über die Folgen dieser Namensgebung für sein Kind nachdenkt. Musks Sohn wird sein Leben lang nie mit seinem Namen angesprochen werden und sich ewig für diesen Quatsch rechtfertigen müssen. Aber auf der anderen Seite führt genau dieser Egoismus zu dem Erfolg, den ein Elon Musk hat. Seine Aktie ging auf 1.000 Dollar hoch, und ich hätte richtig Profit gemacht, wenn ich dringeblieben wäre. Also bin ich hier der Vollidiot – und nicht er.

Auch wenn er sehr früh vor allem durch PayPal sehr reich geworden ist, hat Musk ab 2004 Tesla und den Elektroantrieb gegen sehr viele Widerstände und diverse Fast-Insolvenzen weltweit durchgesetzt. 2021 ist der Börsenwert von Tesla viel höher als bei der Konkurrenz. Alle anderen Fahrzeugbauer schwenken nun auf Elektro um, und Elon Musk hat immer noch einen technologischen Vorteil gegenüber allen anderen, vor allem im Hinblick auf die Batterieleistung und die leichtere Bauweise. In diesem Sinne ist er ein klassischer Unternehmer, der eine Firma aufbaut und immer weiter verbessert und so Marktanteile gewinnt. VW und Co. beißen sich schon seit einigen Jahren in den Arsch, dass sie Tesla vor 15 Jahren nicht für 10 Milliarden gekauft haben. Jetzt könnte Musk VW kaufen, aber warum sollte er? In Amerika sitzen die ganz großen Visionäre und er ist einer davon. Jeff Bezos, Bill Gates, Mark Zuckerberg, Steve Jobs, Larry Page und Sergey Brin sind gemeinsam mit Musk die ganz großen Visionäre und Unternehmer der letzten 30 Jahre. Apple, Tesla, Microsoft, Google, Amazon und Facebook haben Geschichte geschrieben und sind mit die erfolgreichsten und wertvollsten Firmen der Welt. Im Bereich Technologie gibt es kein anderes Land, das auch nur annähernd an die USA herankommt, und dies vorrangig, weil dort auch genug Geld für Startups und Unternehmen, die wachsen, zur Verfügung steht. Aber nicht nur das Geld macht den Unterschied, sondern auch die Mentalität, denn wenn es um Skrupellosigkeit geht, dann sind die Amis auch ganz vorne. Mark Zuckerberg und Peter Thiel sind große Fans der russischen Schriftstellerin Ayn Rand, die ein paar Jahre nach der Oktoberrevolution in die USA auswanderte und dort eine erfolgreiche Schriftstellerin und Drehbuchschreiberin wurde. Sie war Kettenraucherin, hatte Lungenkrebs und starb 1982 an einem Herzinfarkt, hatte also keine Ahnung, dass sie Jahre später zur Karriere-Philosophin der erfolgreichsten Unternehmer der Welt werden würde. Zwei Leitsätze haben es den Jungs im Silicon Valley besonders angetan:

»Die Frage ist nicht, wer mich lässt, sondern wer mich stoppen will.«

»Im Laufe der Jahrhunderte gab es Personen, die erste Schritte unternahmen, neue Wege beschritten, bewaffnet mit nichts als ihrer eigenen Vision.«

Gerade der erste Satz erklärt die gesamten Geschäftsprinzipien der Wall Street und des Silicon Valley, denen es egal ist, ob ihre Handlungen legal sind, solange sie bessere Chancen haben, damit davonzukommen, als gefasst zu werden. Zuckerbergs Facebook machte Fake News erst möglich und verdient sich dumm und dämlich mit dem Verkauf persönlicher Daten an Kunden. Dem sozialen Netzwerk ist es scheißegal, ob diese Kunden Nestle, VW oder der russische Geheimdienst und Terrorgruppen sind. Nachdem man dann 25 Milliarden Profit gemacht hat, wird sich entschuldigt, und man zahlt 4 Milliarden Strafe. Auch in Zukunft hat Facebook keine Absicht, weniger Geld durch mehr Zensur zu verdienen. Lieber zahlen sie PR-Firmen und Anwälte und tun so, als ob sie die Bösewichte aus dem Netz filtern.

Dass auch Musk dem Ayn-Rand-Motto folgt, zeigte er im Jahr 2021 durch seine Beeinflussung des Bitcoin-Kurses. Er verkündete, Tesla würde auch Bitcoins annehmen, und kaufte für knapp 1,5 Milliarden Dollar Bitcoins, die er zum Teil später mit 100 Millionen Dollar Gewinn wieder verkaufte. Seine Handlungen machte er über Twitter publik, und so kam es zu starken Preisschwankungen des Bitcoins. Die Hackergruppe Anonymous warf ihm vor, Leben ruiniert zu haben. Anonymous drohte ihm und kritisierte außerdem, der überwiegende Teil des Einkommens von Tesla stamme nicht aus dem Verkauf von Autos, sondern aus staatlichen Subventionen und $CO_2$-Steuergutschriften, die Tesla für die Produktion mit erneuerbarer Energie erhalte und an andere Unternehmen weiterverkaufe. Zudem würden die Tesla-Angestellten unter schlechten Bedingungen arbeiten, und die Rohstoffe für Autobatterien stammten aus Kinderarbeit in Lithium-Minen. Kurze Zeit später gab Elon Musk bekannt, Tesla werde nun doch keine Autos gegen Bitcoins verkaufen.

# ISRAEL

Auch wenn ich nie ein Fan von Netanjahu war: Wenigstens ist er abgetreten, ohne einen gewaltsamen Umsturz zu versuchen. Auch dies zeigt, dass uns Israel viel nähersteht als die Moslemstaaten drumherum. Israel ist eine freiheitliche Demokratie und wenn sie angegriffen werden, verteidigen sie sich. Israel schießt nicht mal eben 1.000 Raketen auf die Palästinenser und hat an sich auch nichts gegen Moslems und Araber (es gibt 20 Prozent arabische Israelis), aber sehr viele Araber haben sehr wohl etwas gegen Israel und Juden und wollen sie vom Erdboden tilgen. Ich war mal in Kuwait, und gebildete Kuwaitis, die lange in den USA gelebt hatten, gratulierten mir beim Abendessen zu Hitler und bedauerten, dass er es nicht geschafft hatte, die Juden komplett auszulöschen.

Wer den Unterschied nicht sieht, ist blind. Warum sich die meisten arabischen Staaten nicht freiheitlich und somit auch wirtschaftlich nicht positiv entwickeln, liegt daran, dass der Islam sie davon abhält. Sie sind Gefangene ihrer Religion, töten Schwule, steinigen Frauen, hassen Juden und Christen und fangen Kriege an, die sie nicht gewinnen können. Trump hat sich gegenüber Israel richtig verhalten. Obama nicht. Wenn ich Israels Präsident wäre, würde ich auch jeden Angriff und jeden Terrorakt mit zehnfacher Stärke beantworten, denn die Gegner Israels verstehen nur Stärke. Jede Schwäche Israels kann zum Ende dieses kleinen Staates führen. Die historische Erfahrung darf und wird Israel zu Recht nicht vergessen, daher beschützt sich das Land lieber selbst, als auf Hilfe von anderen zu hoffen. Deutschland hingegen ist im Moment militärisch schwach und ohne NATO-Hilfe im Ernstfall ruckzuck erledigt.

Von 2013 bis 2020 lebte ich verstärkt in Kanada und lernte einmal mehr, dass der Schein oft anders ist als das Sein.

# KANADA

»O Canada! Our home and native land!« So heißt es in der kanadischen Nationalhymne. Die Kanadier haben weltweit ein Image aufgebaut, das mit der dortigen Realität nichts zu tun hat. Jeder denkt, Kanada bedeute Freiheit, Natur, Freude, Demokratie und Naturverbundenheit. Mit dem Camper durch die Nationalparks fahren, Bären beim Honigschlecken zuschauen und einen schönen Lachs von der Holzplanke mit ein wenig Ahornsirup essen: Das ist für uns Kanada.

Doch Kanada war und ist eine britische Kolonie mit allem, was dazu gehört. Natürlich hatten sie Sklaven und haben die Indianer nach allen Regeln der Kunst fertiggemacht. Bis in die 1970er-Jahre (ja, 1970er- nicht 1870er-Jahre) hatten die Indianer keine Rechte und lebten in Reservaten, oft sogar ohne Strom- und Wasserversorgung. Viele ihrer Kinder wurden in katholische Internate gesteckt und dort vergewaltigt und ermordet. Wer im vergangenen Jahr die Presse verfolgt hat, hat gelesen, wie mehr und mehr Massengräber mit Kinderleichen hinter diesen Internaten gefunden wurden. Sex und/oder Gier, ja meine Damen und Herren, o ja – alles lässt sich darauf zurückführen. Ich habe seit 2000 sehr viel Zeit in Kanada verbracht und viele Filme dort gedreht. Ich konnte also über 20 Jahre Erkenntnisse sammeln und viele Entwicklungen live erleben, die Kanada wirklich charakterisieren:

1. Die Chinesen haben Kanada überrollt und stellen in Vancouver mittlerweile nicht nur den Polizeichef, sondern circa 23 Prozent der Bevölkerung. Inder, Japaner, Koreaner und Vietnamesen stellen nochmal weitere 17 Prozent. Zwischen 2000 und 2021 wuchs die Einwohnerzahl in Vancouver von 1,9 auf

2,6 Millionen, und während die Inder schon in den 1980er- und 1990er-Jahren kamen (Abwanderung von einer britischen Kolonie zur nächsten), kamen die Chinesen erst ab 2000 massenhaft. Der Stadtteil Richmond ist zu 90 Prozent chinesisch, während Surrey zu 90 Prozent indisch ist.

2. Dies ist das Resultat der britischen Kolonialpolitik, denn so konnten vor allem die Inder und Hongkong-Chinesen Visa bekommen. Als es klar war, dass die Briten Hongkong an China abtreten mussten, wurden mehr und mehr Visa ausgestellt, und Chinesen, die sechs- bis siebenstellige Summen mitbrachten, wurden ins Land gelassen. Denn was ist England? Eine Kolonialmacht, die sich ihren Wohlstand nicht durch ihre super Produkte (englisches Bier sowie Brot, Wurst und Käse schmecken zum Kotzen, Whiskey mag ich nicht, Beef Wellington ist super Hundefutter) und Technologien (Autos mit Lenkrad rechts) erwirtschaftet hat, sondern durch die militärische Besetzung und Ausplünderung der Welt. Ein Land, welches heute hauptsächlich von Geldwäsche und Briefkastenfirmen lebt. Warum sind denn so viele Araber und russische Oligarchen mit ihrer Kohle nach England gegangen? Warum sind alle Briefkasten- und Geldwäsche-Paradiese wie die Cayman Islands, die Bermudas und Gibraltar britisch? Weil die Engländer die Kohle (schwarz, blutig oder dreckig) bei sich wollen, denn das kurbelt den Konsum an und den Immobilienmarkt.

3. Durch den Zufluss der China-Milliarden explodierten die Preise für Häuser und Wohnungen in Vancouver. Als ich 2004 dort meinen Film *Schwerter des Königs* drehte, lebte ich in einer Doppelhaushälfte mitten in der Stadt zur Miete. Der Besitzer bot mir meine Hälfte zum Kauf an. Rund 120 Quadratmeter für 480.000 kanadische Dollar (also rund 320.000 Euro). Ich Vollidiot lehnte ab. 2021 kostet die Bude 2,9 Millionen. Es ist unglaublich, für welche Preise selbst Abrisshäuser verkauft wurden. Die meisten Einwohner in Vancouver leben auf

Pump und haben viel zu viele Kredite laufen, denn die Banken gaben selbst nach dem Hypothekencrash 2008 weiterhin bis zu 90 Prozent Kredit, und als Sicherheit reichte ihnen das jeweilige Gebäude. Eine Zweizimmer-Wohnung (circa 80 Quadratmeter) in einem der Hochhäuser mitten in der Stadt kostet mindestens 1,3 Millionen Dollar. Ein freistehendes Haus mit etwa 250 Quadratmetern Wohnfläche nahe Downtown Vancouver ist unter 3 Millionen nicht zu haben, es sei denn, es ist sehr stark renovierungsbedürftig. Es gibt in der Stadt mindestens 3.000 Villen in der Preislage zwischen 15 bis 50 Millionen Dollar.

4. Die Asiaten haben in Vancouver auch das organisierte Verbrechen übernommen. Die Hells Angels gibt es zwar ebenfalls, aber der Drogenhandel wird von den Chinesen kontrolliert und alle Süchtigen wurden auf Fentanyl umgestellt und sterben nun wie die Fliegen. In Vancouver sterben fast so viele Drogensüchtige pro Jahr wie in ganz Deutschland (circa 2.000). Oft wird Fentanyl (ein starkes Schmerzmittel) zusammengepantscht und in Tablettenform verkauft, und niemand weiß so richtig, wie stark die Dosis ist, daher gibt es viele Überdosis-Tote. Das Gegenmittel Narcotan wird täglich an Süchtige ausgegeben, damit diese selbst ihre Kumpels retten können, wenn diese auf dem Bürgersteig gerade dabei sind, den Löffel abzugeben. Von 2015 bis 2020 war ich Gastronom, hatte das High-End-Bauhaus-Restaurant in Gastown. Gastown ist der älteste Teil von Downtown, liegt direkt bei Chinatown und war immer sehr touristisch, aber auch eher runtergekommen – mit einer steigenden Zahl von Obdachlosen und Abhängigen. In der Zeit, in der ich mit meiner Frau das Restaurant betrieb, war ich mindestens vier Mal die Woche da und sah live den Untergang und den Verfall. Mehrfach stieg ich über Leichen, um zu meinem Auto zu kommen. Das Lokal wurde mehrfach beraubt, Autos von Gästen aufgebrochen, und einmal (und ich lüge nicht), wurde jemand aus einem Fenster geschmissen und landete tot auf dem Dach des Autos meiner Frau. Die Polizei entfernte den

Toten und riet meiner Frau, am besten durch die Waschanlage zu fahren. In den fünf Jahren, die ich hautnah miterlebte, wurde Marihuana in Kanada erlaubt und parallel zum Anstieg der Drogentoten (von 2010 bis 2021 stieg die Zahl von rund 200 Toten pro Jahr auf fast 2.000), startete eine unglaubliche Zahl von Schülern mit dem Drogenkonsum, denn ihre Eltern brauchten nun ihre Joints nicht mehr zu verstecken. Daher können viel mehr Jugendliche Drogen stehlen und auch kaufen. Parallel erhöhte sich die Verschreibung von Pillen immens, denn die Lobbyarbeit der Pharmaindustrie zahlt sich immer mehr aus. Sobald die Smartphone-süchtigen Teenies nämlich heutzutage einen gemeinen Tweet lesen, müssen sie sofort in psychologische Behandlung und werden mit Psychopharmaka ruhiggestellt oder »happy gemacht«, je nachdem woher der Wind weht. So wird die junge Generation auf das Leben vorbereitet. Nach dem Motto: »Es ist okay, dass du weinst und auch traurig bist, weil dein Nagellack ausgelaufen ist, dafür gibt es jetzt Pillen, danach fühlst du dich viel besser ... Und ja, auch Fat-Shaming ist wirklich schlimm, es ist nicht deine Schuld, wenn du übergewichtig bist, es sind die Pringles, die schmecken einfach so gut, dass du schon mit 14 Diabetes hast, und damit du dich nicht mehr so schlecht fühlst, haben wir ne tolle Pille.« Was bei solchen »Therapien« dann herauskommt, sind lebensuntaugliche Psychos, die keinerlei Stress ertragen können und für die Stress bereits anfängt, wenn sie mal fünf Minuten keinen WLAN-Empfang haben.

Also: Wer denkt, Kanada ist sensationell gut und da läuft alles wie am Schnürchen, hat eben nicht wie ich in Kanada gelebt. Kanada ist noch bürokratischer als Deutschland. Jeder Behördengang dauert Stunden. Als wir unser Restaurant in Vancouver aufmachen wollten, kamen 19 verschiedene Inspekteure und kontrollierten jeden Scheiß bis zum Erbrechen, bevor wir die Genehmigung erhielten. Im letzten Moment mussten wir zum Beispiel hinter unserem Bartresen eine zwei Zentimeter hohe Mini-Stufe rollstuhlgerecht zur Rampe ändern, falls wir mal als Bartender einen Rollstuhlfahrer beschäftigen würden. Jede Bemerkung über diesen Irrsinn hätte uns zu Behinderten-Hassern gemacht.

Die öffentlichen Schulen sind schwach und die Privatschulen sehr teuer. Die Steuern sind so hoch wie in Deutschland und jeder Gerichtsprozess kostet Unsummen für Anwälte, weil es keine Gebührenordnung (BRAGO) gibt. Die Handwerker sind Müll, weil es keine Lehre gibt und auch keinen Meisterbrief. Ich könnte in Kanada eine Schreinerei aufmachen. Die meisten Bauarbeiter und Handwerker lernen im Job, aber eben auch nur so viel, um einigermaßen die Toilette oder den Herd anzuschließen. Berufsschulwissen und die richtige Ausbildung durch einen Meister existieren dort nicht und dementsprechend halten die Häuser auch nicht so lange. In unserem Haus in Vancouver folgte eine Reparatur auf die andere.

Es gibt es kaum Hausärzte und auch keine Privatkliniken, in dieser Hinsicht ist Kanada bedeutend sozialistischer als Deutschland. Jeder bekommt die gleiche schlechte medizinische Versorgung. Als ich wegen Gallensteinen dringend operiert werden musste, dauerte es drei Tage, bis ich unters Messer kam. Ich wurde schon ganz gelb und hatte Mega-Schmerzen. Das Krankenhaus war extrem dreckig und als ich in den OP gerollt wurde, sah ich noch eine Kaffeemaschine im sterilen Operationsraum und daneben leere Tassen. Zum Glück wurde ich dann schnell eingeschläfert. Nach der OP habe ich mich am nächsten Morgen selbst entlassen, um keine Infektion zu bekommen.

Ich verzichte an dieser Stelle, noch weitere Länder »rundzumachen«, denn wir wollen ja mehr über Deutschland sprechen. Nur ganz kurz: In Italien macht jeder drei Stunden Mittagspause, obwohl im Arbeitsvertrag nur eine Stunde steht, und die Müllabfuhr kommt nur alle zwei Monate, weil die Mafia ihre Schutzgelder nicht bekommen hat. Ähnliche Beispiele könnte man aus vielen Ländern berichten. Also »rund« für die Bevölkerung läuft es nirgends, aber das sollte eben für uns keine Entschuldigung sein, nach dem Motto: »Ich habe ne 5, aber Stefan hat ne 6 – also so schlecht bin ich auch nicht!«

Einiger meiner Lieblings-Aufreger-Themengebiete sind:

# ONLINE-SUCHT, VERSCHWÖRUNGS-THEORIEN UND FAKE NEWS

Und alle diese Themen wurden durch CORONA verstärkt, wichtiger und bedrohlicher.

Was macht die Bevölkerung? Kämpft sie gemeinsam gegen den Weltuntergang? Für Artenvielfalt, Natur und die Zukunft unserer Kinder?

Absolut! Allerdings trifft das nur auf 20 Prozent der Bevölkerung zu, und zumeist erfolgt der »Einsatz« nur am Küchentisch in beiläufigen Diskussionen, während die Billig-Teewurst aus der Massentierhaltung auf das Brot gestrichen wird.

Die anderen 80 Prozent der Deutschen sind mit viel Wichtigerem beschäftigt: Die Jungs mit Videogames wie *Fortnite* und dem Anbetteln ihrer Eltern, das nächste Skin für ihren Spielcharakter kaufen zu dürfen. »Bitte Papa, LeBron James und Neymar sind jetzt dabei, nur 19,95 Euro!«

Die Mädels dagegen bevorzugen, zehn Stunden am Tag mit Kussmund in ihre Kamera zu posen – im verzweifelten Versuch, Likes zu bekommen und am Schluss als Influencer wie die Kardashians steinreich zu werden.

Nimmt man den heutigen Jugendlichen ihre Smartphones und ihre Konsolen weg, dann ist ihr Lebenssinn erloschen, und während der Corona-Schulschließungen wurde diese Abhängigkeit noch einmal verstärkt.

Im Netflix-Film *The Mitchells vs. The Machines* wird diese neue Generation perfekt portraitiert. Da übernimmt ein Smartphone die Kontrolle, und um die Menschen in kleine fliegende Gefängniszellen zu sperren, schaltet dieses Smartphone einfach das Internet ab und offeriert jedem, der in die Zelle geht, kostenloses WLAN. Und Schwupps: Alle gehen freiwillig rein und können weiter im Netz surfen und keiner beschwert sich, seine Freiheit aufgegeben zu haben. Wenn ich meinen Kindern so zuschaue, dann halte ich das für absolut realistisch. Die Klimabilanz unserer Kinder, der sogenannten Millennials, also der ab dem Jahr 1997 geborenen Horden, ist katastrophal. Während ich zu Hause immer meinen Teller mitsamt aller Reste (oft am nächsten Tag) komplett »leer« esse und andauernd durchs Haus gehe, um das Licht überall auszuschalten, interessiert sowas meine Kinder einen Scheißdreck. Kein Wunder, dass heutzutage 40 Prozent der Lebensmittel in Europa und in Nordamerika verschimmeln und/oder weggeschmissen werden. Mehr als 80 Prozent der Jugendlichen weltweit sind konsum- und internetsüchtig und interessieren sich weder für Global Warming noch für Umwelt- und Tierschutz.

Was haben wir mit dem Internet geschaffen? Warum setzen sich Lügen eher durch als die Wahrheit?

Die durch Putin und Trump installierte Parallelwelt dient ausschließlich zur Destabilisierung der Demokratie und ist schon viel weiter fortgeschritten, als wir glauben. Die Anhänger der Anti-Gates- oder Anti-Soros sowie Clinton-Pizzagate-Theorien sind so durch, dass sie keinerlei Fakten mehr akzeptieren. Fast alle News, die sie streuen, kommen von merkwürdigen Websites, YouTube-Kanälen, Telegram-Chats und Facebook-Seiten. In den USA sind 30 Prozent der Bevölkerung davon betroffen, in Europa mindestens 15. Diese Gruppe wird wachsen, und radikale Parteien werden ihr eine Heimat bieten.

Mit zunehmenden Einschränkungen durch Corona und durch die Folgen der Klimakatastrophe sowie durch eventuelle neue Viren und den Zustrom von weiteren Flüchtlingen wird die Gewalt zunehmen, wie wir es im September beim Tankstellen-Mord in Idar-Oberstein gesehen haben, wo ein junger Angestellter von einem Masken-Verweigerer erschossen wurde.

Viele entwickeln sich wegen der Corona-Krise per Turbo in Richtungen, die wir und sie selbst vor 20 Jahren nicht für möglich gehalten hätten. Auf der einen Seite: Cancel-Culture, Twitter-Trolls und Political-Correctness-Arschlöcher und auf der anderen Seite Impfgegner, Verschwörungstheoretiker, Reichsbürger und QAnon-Idioten. Da konnte einem der altbekannte Kampf »Antifa gegen Rechtsradikale« schon lieber sein. Während der Cancel-Culture-Bereich vorrangig von den gutbürgerlichen Pseudointellektuellen besetzt wird, die sich als Weltverbesserer aufspielen wollen, ist tummelt sich auf der Gegenseite ein buntes Sammelsurium aus allem, was laufen kann. Yogis, Veganer, AfD- und NPD-Mitglieder, Ökos – und einige komplett Schmerzfreie wie Attila Hildmann.

Starten wir doch mit diesem Bereich, der wahrscheinlich das Ergebnis einer bezahlten Internet-Troll-Kampagne war, die Putin 2016 für Donald Trump vom Stapel gelassen hat. Da wurde der Wahlkampf in den USA vor allem durch Fake-Facebook-Accounts aufs massivste beeinflusst, die Hillary Clinton abwechselnd als todkrank oder Führerin eines Pädophilen-Netzwerks darstellten. Sie würde mit anderen »Kommunistenschweinen« wie George Soros und Bill Gates Kinder entführen und deren Blut im Keller einer Pizzeria trinken.

In meinem Film *Postal* aus dem Jahre 2006 wird ein Zwerg von Affen vergewaltigt, Bush und Bin Laden sind beste Freunde und die Taliban wollen die USA mittels der Vogelgrippe auslöschen, die sie in einer Penis-Puppe ins Land geschmuggelt haben. Das hört sich alles glaubwürdiger an als »Pizzagate«. Die offizielle Meinung von 50 Millionen Amerikanern zur Hochwasser-Katastrophe in NRW und Rheinland-Pfalz im Sommer 2021 ist die, dass die »Guten« alles geflutet haben, um die Kinder aus den Kellern der Pädophilen zu retten. Die Kinder wurden dann gerettet und ohne Aufmerksamkeit zu erzeugen - denn es stand ja nix in der Presse - außer Landes in Sicherheit gebracht. Was mit den Tätern passierte, haben die QAnon Websites nicht verraten und auch die Erklärung, warum quasi alle geheimen Pädophilen-Keller an der Ahr und anderen Hochwassergebieten liegen, kam nicht. Also haben wir nur in NRW und Rheinland-Pfalz Pädophilen-Nester und alle anderen Bundesländer können aufatmen.

Wie erfolgreich diese Fake-Trolls dann TV-Sender wie Fox News und Nachrichten-Websites wie Breitbart News instrumentalisiert haben, zeigte sich schon beim Wahlausgang 2016, wo Trump gegen die haushohe Favoritin Clinton gewann. Natürlich war das nicht der einzige Grund, warum die Wahl so ausging, denn Clinton ist nun mal unsympathisch und unbeliebt und nach acht Jahren Obama waren quasi auch die Republikaner wieder dran. Zum Zeitpunkt der Wahl lebte ich in Vancouver und fragte viele meiner Restaurant-Gäste aus den USA: »Wen werden Sie wählen?« Und die Mehrheit sagte: »Trump, weil ich Clinton hasse!« Wenn die gewusst hätten, was dieser Trump dann alles so veranstaltet, hätten die meisten von ihnen lieber eine unsympathische Präsidentin gehabt, die dafür aber noch alle Latten am Zaun hat.

Die Republikaner haben ja noch nie Politik für die gemacht, die sie wählen, denn arme Trashies und Hillbillies sind die Kernwahltruppe der Republikaner, die aber immer schon in Wirklichkeit ausschließlich die Multimillionäre und Milliardäre reicher gemacht haben. Die Republikaner tun immer so, als ob sie die Partei der zurückgelassenen, weißen Arbeiterschaft wären, und diese Trottel glauben es ihnen jedes Mal und bejubeln noch, dass ihnen das Arbeitslosen- und Krankengeld, die Sozialversicherung und die Krankenversicherung gestrichen wird. Denn dann fühlen sie sich frei von den bösen Sozialisten, als die ihnen die Demokraten verkauft werden. Ihre Begeisterung endet aber meistens, wenn sie nach einem Herzinfarkt die Krankenhausrechnung bekommen und selber bezahlen müssen, was dann oft zur Privatinsolvenz und zum zweiten Infarkt führt.

Ich war mal in Los Angeles mit einer Lebensmittelvergiftung im Krankenhaus und erhielt ambulant eine Infusion und ein paar Pillen aufgeschrieben. Die Rechnung betrug 900 Dollar. Generell sind die Kosten für ärztliche Behandlungen in den USA viel zu hoch, deshalb kann eine Krankenversicherung da auch kaum funktionieren. Wenn jedes Röntgenbild 800 Dollar kostet, dann sind auch Krankenversicherungsbeiträge unbezahlbar. Das ist ein anderes Thema, aber zusammengefasst (und leider wird auch in Deutschland im medizinischen Bereich alles immer teurer) verdienen sich die Pharmalobby und die Ärzte dumm und dusselig, während die Versicherungen und Patienten bankrottgehen. Krankenhausärzte verdienen in Los Angeles als jährliches Einstiegsgehalt oft 200.000 Dollar und Oberärzte 500.000 Dollar und mehr.

Während Trumps Präsidentschaft hörten die Demokratie-Destabilisierungstrolls keineswegs auf, konnten aber ihre eigenen Kampagnen zurückfahren, weil sie es geschafft hatten, so viele fanatische Fans der absurdesten Theorien zu züchten, dass diese dann einfach weitermachten, neue Feindbilder erschufen, Trump zum Gott und die Erde zur Scheibe erklärten. Sie müssen nur mal auf die YoutTube-Alternative Bitchute.com gehen und den Pseudo-Wissenschaftlern, Schamanen, Astronomen und Politikern zuhören, dann werden auch Sie davon überzeugt, dass Trump Jesus ist und kein Pussygrapscher und dass wir alle von den Rothschilds und den Illuminati bis heute kontrolliert werden. Die G7, die Bilderberger und das Weltwirtschaftsforum arbeiten zusammen und haben schon lange den großen Reset geplant, der aber nicht der tolle Reset ist, sondern die komplette Enteignung aller und die Abschaffung des Bargeldes. Durch die Corona-Impfung wird man zum gechipten Roboter und auch die Überschwemmungen im Sommer 2021 waren, wenn man Attila Hildmann folgt, von der Regierung geplant. Er, der ehemalige Veganer-Koch, ist in die Türkei geflüchtet – nach einer Anzeige wegen Volksverhetzung und wahrscheinlich vor allem, weil ihm Probleme wie Insolvenzverschleppung und Steuerschulden aufs Gemüt drückten. Attila der Hunnenkönig lässt grüßen und twittert täglich in diesem Stil:

*16. Juli*
*Wettermanipulation, Spritzen, Massenhypnose, Folter, Inflation, Sauerstoffentzug, TV-Propaganda, Wirtschaftsnot, Mikrowellenwaffen. All das und noch viel mehr sind »moderne« Kriegswaffen, die die Mundwindel-Schafe im Glauben lassen, es wäre alles in Ordnung, dabei ist #Krieg*

Es wäre nun plump, den armen und hirntoten Attila fertigzumachen, denn wer nur vegan isst, ist schon bestraft genug. Vielmehr stellt sich die Frage, warum er so viele Fans für seine kruden Theorien hat und warum auch mittlerweile wohl jeder von uns einige Impfgegner kennt, die urplötzlich in den letzten 1,5 Jahren zu vollausgebildeten Virologen geworden sind, obwohl sie eigentlich beim Mediamarkt im Lager arbeiten. Nachbarn, Eltern von Klassenkameraden, Verwandte und Postboten – mehr und mehr Menschen wenden sich von der »Lügenpresse« ab und glauben »Wissenschaftlern« auf YouTube, die zu Hause an ihrem Schreibtisch sitzen und exakt erklären, warum es kein Corona gibt oder warum der Virus harmlos ist, die Shutdown-Maßnahmen vollkommen übertrieben, niemand an Corona gestorben ist, jetzt aber alle an der Impfung sterben und überhaupt, was die Welt im Innersten als Scheibe zusammenhält. Was ich dem weinerlichen Mannheimer Sänger und Verschwörungstheoretiker Xavier Naidoo mitgeteilt habe, können Sie auf YouTube sehen. Das Video ist auf meinem Kanal »Uwe Boll« zu finden. Der Titel lautet »Meine Meinung zu Xavier Naidoo«.

So Pi mal Daumen würde ich sagen, dass in Deutschland während Corona die Anzahl der Hardcore-Verschwörungstheoretiker von zwei Millionen auf mindestens acht Millionen gestiegen ist. 8,5 Prozent für »Sonstige Parteien« ist der höchste Prozentsatz, den es jemals für dieses Segment gegeben hat. Allein Die Basis hat 1,6 Prozent bekommen mit ihrem Slogan »Maske weg«. Umfragen zeigen, dass über 30 Prozent der Deutschen für Verschwörungstheorien offen sind. Und daran sind auch die politischen Parteien und vor allem die Regierung Schuld, denn die Bevölkerung wurde in der Krisenbewältigung nicht für voll genommen und zu oft angelogen und betrogen. Anstatt Fehler zuzugeben und dann auch mal Politiker für ihre Fehler rauszuschmeißen und sogar vor Gericht zu stellen, wurde alles klein- und schöngeredet. Zunächst wurden FFP-2 Masken als »nicht für nötig« befunden, aber eben nur, weil keine da waren. Dann wurden sie im Amigo-Stil mit kompletter Korruption besorgt und Politiker machten sich die Taschen voll, aber niemand zahlte die Bestechungsgelder zurück oder wurde wegen Betruges in den Knast geschickt. Dasselbe bei Schnelltests, denn die waren am Anfang auch »nicht nötig« oder »ungenau«, aber als sie dann endlich massenhaft verfügbar waren, waren sie auf einmal »unverzichtbar«.

Die Bundesregierung hat den Auftrag, das Leben der deutschen Bevölkerung zu schützen und hat dies im Sommer 2020 unterlassen, denn es wurde viel zu wenig Impfstoff von der EU bestellt, während Trump und Johnson nicht geknausert haben und mit Israel zusammen zuerst beliefert wurden. Die USA, England und Israel waren schneller geimpft, und die EU hat gepennt und mindestens zwei Monate verpasst. Es hätten hunderttausende Menschen in Europa gerettet werden können. Musste deswegen unsere Flinten-Uschi von der Leyen, die Merkel ja in die EU-Chefetage entsorgt hatte, so wie alle Frührentner und Rohrkrepierer vorher (Oettinger, Stoiber et cetera), zurücktreten? Natürlich nicht. Das wäre ja zu viel verlangt, es sind ja nur ein paar zehntausend Tote mehr, die alle sowieso in den nächsten ein bis 20 Jahren gestorben wären. Uns dann wurde uns im Februar erzählt, ab März 2021 würde tonnenweise Impfstoff angekarrt – eine Aussage, die schon bald wieder korrigiert werden musste. Die Arroganz, mit der Jens Spahn, Peter Altmaier und Helge Braun in Talkshows dann »den tollen Impferfolg« feierten und so taten, als ob alles »super« gelaufen wäre, ist mit dem Wort »Volksverarschung« am besten zu beschreiben. Viele meiner Freunde und auch ich nahmen das der Regierung sehr übel und empfanden es so, wie es war: Die Politiker nehmen uns nicht ernst und denken, sie könnten den Molli mit uns machen. Und die Erfahrung gibt ja den Karriere-Politikern leider auch Recht, denn sie werden bei Wahlen ja trotzdem nicht wirklich abgestraft.

Ab dem 1. November 2020 wurde in Deutschland alles geschlossen oder abgesagt, was den Alltag erträglich macht: Restaurants, Bars,

Klubs, Konzerte, Theater, Kinos, Pools, Fitnessstudios, Sportveranstaltungen innen und außen, Schulen, Urlaub – und so weiter. Die Zahlen Ende Dezember zeigten: All das hält das Virus nur bedingt auf, denn wir standen bei 2.000 Toten pro Tag und 30.000 Neuinfektionen täglich. Das RKI und die Politiker proklamierten dann, die Hoffnung liege auf den Impfungen, aber verschwiegen in allen Talkshows und Pressekonferenzen gemeinsam, dass im Gegensatz zu Lockdowns in China oder Australien, in Deutschland die Industrie immer munter geöffnet blieb und zig Millionen Leute weiter zur Arbeit gingen, eingepfercht in Werkshallen, Bussen und Bahnen. Denn in Deutschland zählt das Leben von überflüssigen Rentnern nur dann, wenn das Bruttosozialprodukt und die Steuereinnahmen nicht gefährdet werden. Man hatte hier quasi eine Win-win-Situation: Weil die Rentenkassen sowieso leer sind, war es natürlich nicht schlecht, mal täglich 2.000 alte Säcke und Säckinnen Richtung Walhalla zu schieben und gleichzeitig die Infektionsraten der Großindustrie kleinzureden. Zynismus pur. Vor allem, wenn dann Karl Lauterbach und Co. in jeder Anne-Will-Talkshow Solidarität verlangen, aber kein Problem damit haben, dass vor allem Kleinkinder depressive, fette Videogame-Süchtige werden, die ohne Schulbildung und soziale Kontakte auf der Couch aufwachsen.

Mir war schon beim ersten Lockdown 2020 klar, dass sich kaum jemand ansteckt, weil er eine Türklinke anfasst, sondern dass zu 99 Prozent Aerosole an einer Ansteckung Schuld haben und dass man sich vor Ansteckungen sehr gut schützen kann, wenn man Profi-Luftfilter (Trotec und Co. und nicht die 300-Euro-Bullshit-Filter für Sparbrötchen) installiert und FFP2-Masken anzieht. Im Sommer 2020 verschlief die Bundesregierung komplett die Situation und kaufte weder Impfstoffe, noch machte sie Luftfilter zur Pflicht für alle Innenräume, insbesondere in Schulen, Unis und Restaurants. Mit FFP2-Masken-Pflicht plus Luftfiltern hätte es den langen und beschissenen Lockdown vom 1. November 2020 bis in den April 2021 hinein nie geben müssen. Durch Abstand und FFP2-Masken hätte man jedes Kino, jedes Theater auflassen können und durch Tests, Masken, Abstand und Luftfilter auch jede Schule und die Unis auf Vollbetrieb laufen lassen können. Wissenschaftliche Erkenntnisse wurden absichtlich ignoriert, da die

Bevölkerung für dumm gehalten wird. Und Corona-Leugner bekamen mehr und mehr Futter, um ihre Theorie des Unterdrückungsstaates zu untermauern. Die Maskenpflicht außen ergibt natürlich keinen Sinn, es sei denn, man steht im Fußballstadion oder in einem Konzert Schulter an Schulter. Und wenn dann Fahrradfahrer ohne Maske angehalten werden und 40 Euro Strafe bezahlen müssen, dann fühlt sich jeder verarscht. Kindern den Sport im Freien zu verbieten, war von Anfang an eine katastrophale Fehlentscheidung und Schikane. So etwas zeigt, dass Kinder keine Lobby haben, während Profi-Fußballer im Bus und Flugzeug durch ganz Europa in jedes Hoch-Risikogebiet fliegen dürfen, solange die Werbeverträge der Champions League erfüllt werden. Diese zwei Jahre Corona waren für die Gesundheit und Entwicklung der Kinder und Jugendlichen extrem schlecht – mit zig Milliarden Folgekosten. Die Ausrede der Politiker und des RKI, dass man ja keine Erfahrungswerte hätte und während der Pandemie lernen müsse, kann so nicht akzeptiert werden, denn bei jeder Maßnahme standen Merkel, Drosten, Wieler und Spahn vor der Presse und taten so, als ob die Fallzahlen sofort zu 100 Prozent außer Kontrolle geraten würden, wenn nicht auch die Einzelhandelsgeschäfte und Trampolinhallen geschlossen werden würden. Und tatsächlich: Ob Schuh- oder Schirmgeschäft – der ohnehin schon dahinschwindende von Amazon plattgewalzte Einzelhandel musste schließen, aber bei Edeka, Aldi und Co., die dann alles ins Programm nahmen, was es sonst im Einzelhandel gab, stapelten sich die Kunden. Peinlich waren dann auch noch im März 2021 die Prognosen von 100.000 Neuansteckungen pro Tag im April, um die Bundesnotbremse durchzuboxen, denn die Zahlen gingen durch Impfungen und besseres Wetter quasi parallel auch ohne neue Maßnahmen runter. Der Bevölkerung wurde Angst gemacht, um sie von Kontakten abzuhalten, doch die Leute spüren, wenn sie verarscht und wie Kleinkinder eingestuft werden. Sybille Berg vom *Spiegel* kommentierte das sehr gut, indem sie die Politiker um mehr Ehrlichkeit bat.

Intensivstationen verringerten ihre Bettenzahl: Erstens, um mehr Geld zu kassieren, was anscheinend aus mir unerfindlichen Gründen nur bei mindestens 75 Prozent Auslastung fließt. Und zweitens, damit die Politiker pausenlos warnen konnten, dass bald keine Intensivbetten mehr frei seien und wir alle sterben müssten. Nach der ersten Welle im Frühjahr 2020 gab es rund 24.000 Intensivbetten für 83 Millionen Menschen, da fragt man sich natürlich, warum dann nach dem Sommer 2021 nur noch 18.000 Betten da waren. Die Begründung, dass Intensivpfleger gekündigt hätten, reicht da nicht, denn wie schon an anderer Stelle geschrieben, hätte man neue Pfleger ausbilden und/oder alten Pflegern die Kündigung durch hohe fünfstellige Bonuszahlungen ausreden müssen. Wieso wurden nicht schon im Sommer 2020 weder Luftfilter noch FFP2-Masken noch Impfstoffe noch 20.000 weitere Intensivbetten bestellt und eine hochbezahlte Intensivpflegebrigade ausgebildet? Vor Corona dauerten Impfstoffentwicklungen Jahre, aber wenn man dann einen Impfstoff in sieben Monaten entwickeln, testen und zulassen kann, dann können auch Kranken- und Stationspfleger in einem Jahr zu Intensivpflegern ausgebildet werden. Jeder Konzernchef wäre für dieses unglaubliche Versagen achtkantig geflogen. Die Kosten für all das zusammen wären noch nicht einmal 50 Milliarden Euro gewesen inklusive der Ausbildung neuer Intensivpfleger, also mindestens 250 Milliarden weniger als die Lockdownkosten.

All diese Regierungsfehler wären Steilvorlagen für Umsturzparteien gewesen, um bei der Wahl Stimmen zu gewinnen. Doch die Verschwörungstheoretiker interessieren sich für das unglaubliche Regierungsversagen überhaupt nicht, denn sie sind ja schon viel weiter, und zwar im geistigen Nirwana. Sie interessiert es nicht, ob Impfstoff, Tests oder Masken da sind, denn sie glauben ja, dass es Corona nicht gibt oder dass es total harmlos ist, dass eben alles Absicht, eine gewollte Verknechtung und Entmachtung des Volkes ist.

Doch für so eine geplante Verknechtungs-Aktion sind unsere Politiker viel zu blöd, denn das sagte ja auch schon unser Ex-Kanzler Helmut Schmidt: »Die Dummheit von Regierungen sollte nie unterschätzt werden!«

Corona hat uns vor Augen geführt, wie katastrophal Deutschland mittlerweile dasteht. Ich fuhr im Herbst 2021 zweimal nach Straßburg und lernte: Bei den Franzosen braucht niemand eine Luca-App oder einen Zettel zum Ausfüllen. Bei unseren Nachbarn ist der digitale Impfnachweis gleichzeitig über das zentrale Impfregister auch eine Art Nachverfolgungs-App. Davon kann Deutschland nur träumen, denn wir haben ja aus Datenschutzgründen kein Impfregister, also können wir immer nur vermuten, wer geimpft ist. Deshalb boomten ja auch in Deutschland die Verkäufe von gefälschten Impfzertifikaten und Impfpässen. Wer will denn merken, ob die gefälscht sind? In anderen Ländern wie Frankreich, Italien, Spanien und Portugal bringt eine Fälschung nichts, weil man den digitalen Pass (und nur der gilt, also kein mitgebrachter Impfpass) nur bekommt, wenn von der Impfstelle, Klinik oder Arztpraxis nach der Impfung die digitale Meldung erfolgt. Bei uns konnte man anfangs mit einem gefälschten Sticker im Impfpass dann den elektronischen Nachweis in der Apotheke bekommen.

Schon im Sommer 2021 wussten alle Experten, dass die Infektionsraten wieder hochgehen werden, sobald es kälter wird, und auch, dass die zweite Impfung nicht länger als vier Monate hält. Anstatt mit dem Boostern loszulegen und alle Menschen, die schon bis Mai ihre Zweitimpfung hatten, bereits im Spätsommer wieder zu impfen, konzentrierten sich alle Parteien und alle Medien auf den Wahlkampf und verschliefen das Thema – bis die vierte Welle turmhoch war. In den Triellen und Talkshows zur Wahl spielte Corona kaum noch eine Rolle und alle Parteien versprachen, dass Lockdowns und Maßnahmen der Vergangenheit angehören würden. Nach der Wahl ging es dann wochenlang nur um die Koalitionsverhandlungen, und obwohl die Infektionszahlen stiegen, passierte auf der Handlungsebene und in den geschlossenen Impfzentren nichts. Luftfilter für 200 Millionen Euro würden zur Verfügung stehen, wurde von Jens Spahn ins Feld geführt. Verschwiegen wurde aber, dass die Beantragung und Auslieferung nur zugelassen wird, wenn eine Schulklasse nachweist, dass der jeweilige Raum nur schlecht zu lüften ist. Wie soll man sowas nachweisen? Mit einem Expertengremien? Da kostet dann die Beantragung mehr als der Luftfilter. Das ist Deutschland, wie es leibt und lebt! Mit dem deutschen Beamtentum geht die Welt zu Grunde. Anstatt in jede Schule und Uni Luftfilter ohne Antrag einfach mit einer Spedition zu liefern und diese einzustöpseln, wird den Lehrern und Schulleitern jegliche Motivation genommen, die Dinger überhaupt zu beantragen. Im November schwemmte dann wie zu erwarten die Welle wieder zu viele Patienten in die Notaufnahmen, allerdings führte die Panik der Politiker zu nichts, weil die neue Regierung erst am 6. Dezember 2021 übernehmen wollte und Merkel und Co. keinen Bock mehr hatten, dem Volk weitere schlechte Nachrichten beziehungsweise erneute Maßnahmen aufzuhalsen. Spahn öffnete die Impfzentren wieder und forderte ruckartig alles, was noch mit dem E-Rollstuhl fahren konnte, zur Booster-Impfung auf. Als dann tatsächlich auch alle kamen, stellte sich heraus, dass wieder nicht genug Biontech bestellt worden war und auch Hausärzte weiterhin nur ein Kontigent von 30 Biontech-Dosen pro Woche zugeteilt bekamen. Als Karl Lauterbach am 6. Dezember das Gesundheitsministerium übernahm, wurde erstmal Inventur gemacht und welch Wunder: Es war nicht genügend Impfstoff da und Lauterbach fing an, Impfstoff im Ostblock zurückzukaufen und überredete Biontech, bis zum Ende des ersten Quartals noch einmal 80 Millionen Dosen zusätzlich zu liefern. Gleichzeitig entwickelte sich eine neue, noch ansteckendere Variante von Corona in Südafrika, die Omikron genannt wurde. Immer schön mit dem griechischen Alphabet weiter in die Katastrophe: nach Alpha und Delta nun also Omikron. Durch die höhere Zahl an Spike-Proteinen bei der neuen Variante wirkten die Impfstoffe nicht mehr so gut. Wer im Dezember noch keine dritte Impfung bekommen hatte, war vor Omikron kaum geschützt, und die dritte Impfung schützt auch nur ganz gut vor einem schweren Krankheitsverlauf. Da Deutschland trotz allem im Dezember sehr schnell in der Lage war, 30 Prozent der schon Geimpften zu boostern, gingen die Zahlen zunächst zurück. Dann wurde pünktlich zum Jahreswechsel 2022 eine fünfte Welle eingeläutet. Biontech und Moderna entwickelten in Rekordgeschwindigkeit einen Impfstoff gegen Omikron, aber die Massenproduktion und -auslieferung sollte nicht vor April starten. Auch Kinder ab fünf Jahren dürfen mittlerweile geimpft werden, obwohl es die ständige Impfkommission (Stiko) nur ungern für alle Kinder empfiehlt. Die Stiko hat in der Corona-Krise unter Beweis gestellt, warum sie abgeschafft gehört. Die EMA, also die europäische

Stiko, hat alle Impfstoffe viel früher freigegeben und damit tausende Menschenleben gerettet. Die Stiko hat, als der Impfstoff da war, monatelang nur die Alten impfen lassen, obwohl mehr Impfstoff da war und im März die Impfzentren viel mehr Kapazität hatten und mehr Menschen hätten impfen können. Es wurde gewartet, bis der letzte Scheintote gefunden wurde, erst dann durften sich die Unter-60-Jährigen impfen lassen und viel später endlich auch die Unter-50-Jährigen. Während in den USA, Israel und England schon Jugendliche und Kinder geimpft wurden, waren in Deutschland noch nicht einmal Über-30-Jährigen durch.

Fazit: Alle Lockdown-Maßnahmen des Winters 2021/2022 wurden nur nötig, weil die alten Stiko-Säcke viel zu lange mit ihren Freigaben gewartet haben und sich die Politiker im Sommer und Spätsommer lieber im Wahlkampf engagierten als ihre Arbeit zu machen. Das Boostern wurde nicht für alle, sondern nur für Alte und frühestens nach sechs Monaten empfohlen. Wieder zwei Fehlentscheidungen, die mehrere tausend Menschenleben gekostet haben. Wir können uns einen derartigen Lahmarsch-Klub nicht mehr leisten, wenn wir in Deutschland wieder international Anschluss finden wollen.

Deutschland hat viel mehr Impfgegner und Verschwörungstheoretiker als Frankreich, England, Spanien oder Italien, was wiederum die gewünschte Herdenimmunität verhindere: Das wird als Hauptgrund genannt, um eine Impfpflicht herbeizuführen. Die Regierung gibt aber nicht zu, dass eben auch die Impfstoffe nicht gut genug und lang genug wirken und dass mit Omikron das ganze System ausgehebelt wurde, was ein Umdenken nötig macht. Die Regierung hat bei der Impfstoffbeschaffung sowie aufgrund der schlechten Digitalisierung und dem sinnlos überzogenen Datenschutz komplett versagt und gezeigt, dass in Deutschland schon lange das Mittelmaß regiert und wir keine Krise mehr meistern können. In Zeiten von Google, Facebook und der NSA gelangen ohnehin alle interessierten Akteure an unsere Daten, ob wir wollen oder nicht. Alter, Adresse, Impfstatus und andere Basisinfos können nicht ernsthaft unter den Datenschutz fallen. Das Finanzamt hat natürlich weitreichenden Zugriff auf unsere Finanzen, aber wenn die Regierung zu dämlich ist, alle Über-80-Jährigen zu finden oder ein Impfregister anzulegen, wird sich mit dem Datenschutz rausgeredet.

Bei vielen Menschen, die eine Impfung ablehnen, kommt man ohnehin nicht mehr durch. Bei ihnen ist das Vertrauen in die Regierung, in die Wissenschaft und im Endeffekt die Welt, in der wir leben und handeln, zerstört. Sie lesen nur noch Chats auf Telegram, Insta und Facebook und die News auf den absurdesten Websites.

Und die Regierung hat durch die oben beschriebene Unehrlichkeit sowie durch das Schönreden ihrer Entscheidungen und falsche Panikmache maßgeblich dazu beigetragen, dass mittlerweile fast jeder skeptisch ist.

Nach zwei Jahren Corona sollten wir uns auch mal wieder das Große und Ganze vor Augen führen: Menschen gibt es schon seit über 300.000 Jahren, womöglich sogar noch viel länger. Anfang 2022 ist die Erdbevölkerung auf rund 7,95 Milliarden angewachsen (zum Vergleich 1927: 2 Milliarden, 1970: 3,69 Milliarden). Das heißt: Durch die Entwicklung der Wissenschaften, der Medizin und der industriellen Revolution ist es zu einer explosionsartigen Geburten-Steigerung gekommen. Gleichzeitig stieg auch die Lebenserwartung in den vergangenen 100 Jahren um 30 Prozent an: Menschen in Europa und Nordamerika leben mittlerweile statt 50 im Durchschnitt um die 75 Jahre – und im Rest der Welt auch um die 70 Jahre. Dies als wichtige Info nur am Rande, denn wir reden ja hier über Corona. Anfang 2022 sagen die offiziellen Zahlen, dass sich circa 300 Millionen Menschen weltweit nachweislich infiziert haben und circa 5,5 Millionen an und mit Corona gestorben sind. Es wird dann angegeben, die Sterblichkeit habe bisher bei circa 2,1 Prozent gelegen. Die Dunkelziffer der tatsächlich mit Corona infizierten Menschen dürfte bei 2 bis 3 Milliarden liegen, denn Corona gibt es weltweit und viele Entwicklungsländer in Afrika und Asien hatten ja kaum Tests und später auch kaum Impfungen. Auch in Europa und Nordamerika waren weit mehr Menschen infiziert, wurden aber nie erfasst, weil sie es entweder mangels Symptomen nicht wussten, es absichtlich nicht gemeldet haben, da sie nicht in Quarantäne wollten oder dachten, sie hätten nur eine Erkältung. Gerade seit Omikron läuft in vielen Ländern eine Durchseuchung ab, und da Omikron eben deutlich harmloser als Delta verläuft und viel schneller viel mehr Menschen ansteckt, sieht selbst unser Ober-Virologe Drosten einer Durchseuchung fast hoffnungsvoll entgegen, denn wir können eben nicht drei Mal pro Jahr alle Menschen weiterimpfen bis zum Sankt-Nimmerleins-Tag.

Die Quote derjenigen Infizierten, die keine Symptome hatten, also die Infektion nicht gemerkt haben, liegt bei 40 bis 80 Prozent – je nach Studie und Quelle. Daher können wir davon ausgehen, dass die Sterblichkeit tatsächlich zwischen 0,4 und 0,8 Prozent liegt. In den letzten Jahren sind weltweit um die 55 Millionen Menschen jährlich gestorben, in Deutschland um die 900.000. Die Gesamtbevölkerungszahl der Welt steigt jedes Jahr um etwa. 95 Millionen Menschen. Es werden also etwa 150 Millionen Menschen jedes Jahr geboren, während nur etwa 55 Millionen sterben, daher steigt die Gesamtsterbezahl weltweit sowieso an. Die »Übersterblichkeit« durch Corona sieht also maximal so aus: 5,5 Millionen Corona-Tote in zwei Jahren entsprechen bei 110 Millionen Gesamttoten circa 2 Prozent. Von den 5,5 Millionen Corona-Toten waren über 80 Prozent älter als 65 Jahre. In manchen Ländern waren sogar rund 90 Prozent der Corona-Toten über 70 Jahre. Für weitere Infos mal auf folgende Seite klicken: countrymeters.info/de/World

Klar hätte es ohne Impfung und Maßnahmen viel mehr Tote gegeben, aber Corona ist eben am Schluss weder die Pest noch Ebola, sondern ein Grippevirus, welches stärker als andere Viren auf die Lunge gehen kann und daher mehr Todesopfer fordert. Für sehr alte Menschen und Menschen mit Vorerkrankungen und bestimmten Gendefekten ist Corona sehr gefährlich und deshalb muss diese Bevölkerungsgruppe sehr aufpassen, sich nicht zu infizieren.

Shutdown-Maßnahmen waren 2020 und bis in den Frühling 2021 und auch noch im Herbst 2021 (aufgrund des Versagens der Politik) sicherlich nötig, aber nun hat jeder Gelegenheit gehabt, geimpft zu werden, und da auch die »Pille danach« zugelassen ist (von Pfizer, die zu 90 Prozent schwere Verläufe verhindert), sollte man die Maßnahmen auslaufen lassen. Corona wird bleiben wie die Grippe, und auch in Zukunft wird es Corona-Tote geben, aber allein die psychischen Belastungen und Lebenseinschränkungen bei Kindern und jungen Menschen und der volkswirtschaftliche und damit auch gesundheitliche Schaden durch Arbeitslosigkeit und Pleiten gerade in der Gastronomie sowie in Hotels, Fitnessstudios, Theatern, Kinos et cetera stehen in keinem Verhältnis zu den möglichen Corona-Opfern. Viele Kinder können sich nun schon gar nicht mehr an eine Zeit ohne Tests und Masken erinnern, und Kinderpsychologen melden Anmeldungen in Rekordzahlen. Und das, obwohl in über zwei Jahren in Deutschland nur 37 Kinder und Jugendliche unter 20 Jahren mit oder an Corona gestorben sind und alle toten Kinder Vorerkrankungen hatten und die älteren Menschen durch Impfungen, Medikamente und Masken et cetera geschützt werden können. Vor diesem Hintergrund ist es an der Zeit, alle Maßnahmen aufzuheben. Das heißt nicht, dass man nicht die Maske aufziehen kann, wenn man einkaufen geht oder mit öffentlichen Verkehrsmitteln fährt, aber es sollte jedem selbst überlassen sein. Also liebe Regierung: Die Zahl der Intensivbetten und der Pfleger nach oben bringen, Impfstoffe und Pillen immer vorrätig haben – und Strich drunter.

# VERSCHWÖRUNGS-THEORETIKER

Die steigende Zahl von Verschwörungstheoretikern nutzt den Republikanern in den USA, und sie nutzt Populisten wie Bolsonaro in Brasilien und Duterte in den Philippinen sowie den Chinesen, den Nord-Koreanern, Putin, Lukaschenko und rechtsextremen Kräften, die Europa und Nordamerika destabilisieren wollen. Populisten schaffen es mit Fake News, ohne selbst irgendetwas Positives für ihre Wähler zu tun, die anderen Parteien so schädlich und negativ darzustellen, dass die vaterlandsliebenden Wähler glauben, gar keine andere Wahl zu haben, als den Populisten zu wählen, da die anderen Politiker vom Mork vom Ork gesteuert werden und ganz fiese Kommunisten, Pädophile oder schlimmer sogar: Farbige, Juden, Ausländer oder Schwule sind. Diese Despoten, Faschisten und Populisten vergrößern ihre Fangemeinschaft, indem sie eine Parallelwelt mit nur durch sie »lösbaren Problemen« erschaffen, die frei erfunden sind und deshalb natürlich in Wirklichkeit gar nicht gelöst werden können oder müssen. Da auch reale Nachrichtenportale wie Breitbart oder Newsmax oder der große TV-Kanal Fox News die Interessen der Republikaner verfolgen, stimmen auch sie in den Chor ein, wenn es zum Beispiel heißt, die US-Wahl 2020 sei gefälscht gewesen. Wenn man sowas täglich tausendmal wiederholt, glaubt man es am Schluss selbst und stürmt das Capitol, um »Gerechtigkeit« walten zu lassen. Dass man gerade dabei ist, mit Gewalt die Demokratie zu stürzen, kam den wenigsten in den Sinn, als sie die Büros der US-Kongressabgeordneten verwüsteten. Sie dachten, sie beschützen Trump, der in ihren Augen die Wahl gewonnen hatte. Im Endeffekt besteht zwischen den Capitol-Stürmern und den Kopfabschneidern vom IS im Hinblick auf ihre Fehldenke kaum ein Unterschied. Beide Gruppen erschaffen sich vollkommen frei erfundene Werte, denen sie dann dienen. Da spielt es keine Rolle mehr, ob andere durch sie leiden oder sogar sterben, denn sie dienen ja der Gerechtigkeit und einer höheren Aufgabe.

Der Stolz auf das Vaterland und die treudoofe Behauptung »früher war alles besser« – so etwas funktioniert immer. Und auch jeder von uns hat schon einmal die Vergangenheit romantisiert.

Dann wird das Zeltlager aus der Kindheit zum Traumurlaub verklärt, obwohl wir mit den Luftmatratzen im Schlamm lagen, es auf dem Donnerbalken stank, das Essen zum Kotzen war und wir von Mücken und Bremsen komplett kaputtgestochen wurden. Immer wieder erzähle ich meinen Kindern von meinen »tollen« Interrail-Abenteuern, obwohl ich die vollgestopften Züge, stinkenden Campingplätze und Ravioli-Dosen auf der Gasflamme immer noch als absolute Albträume in Erinnerung habe. Je älter wir werden, desto eher erklären wir Scheiße zu Gold.

Tatsächlich gibt es aber eine Sache, die damals wirklich deutlich besser war: Uns war noch nicht so klar wie heute, dass der Raubbau, den wir auf und mit der Erde betreiben, tatsächlich noch zu unseren Lebzeiten zur Auslöschung von 30 bis 60 Prozent der Menschheit führen könnte.

Nun könnte man wissenschaftlich neutral entgegnen, dass dies eigentlich egal wäre und das Ende der Menschheit für Pflanzen und Tiere mittelfristig ohnehin die beste Lösung wäre. Betrachtet man die Erde vom Weltall aus (also von Jeff Bezos Hobby-Raketen aus), dann ist es auch egal, ob hier ein Atomkrieg, Meteorit, Virus oder Global Warming alles abräumt. All das Leid und die Schreie hört man in der ewigen Stille nicht.

Nur leider geht es ja um unseren vorzeitigen Abgang und noch schlimmer: um das viel zu frühe Ende unserer Kinder. Und genau deshalb kochen unsere Emotionen und Ängste hoch. Wollen wir das Ende also wenigstens verzögern, die Katastrophe abmildern oder sogar die Gesamtlage ändern? So, dass gar nicht so viele Leute sterben und sich die Balance zwischen Mensch und Natur wieder herstellt? Dann brauchen wir in der Politik keine Erbsenzähler mehr, sondern große Visionäre und Unternehmer, die das Heft in die Hand nehmen und das Blatt wenden.

Die Vorstellung der regierenden Parteien, quasi alles noch 15 Jahre so zu lassen und ein bisschen am Benzinpreis rumzuschrauben, ganz langsam die Kohlekraftwerke abzuschaffen und Plastikstrohhalme und Einkaufstüten zu verbieten, reicht nicht. Es reicht auch nicht, lediglich in Deutschland zu agieren. Deutschland muss führen und mit der EU und der Welt zusammen agieren. Wir müssend die Chinesen, die Inder und andere Länder motivieren und zur Not zwingen, unmittelbar und viel schneller als geplant aus fossilen Brennstoffen auszusteigen. Es wird Gewinner und Verlierer geben, aber nur, wenn man neue Technologien »alternativlos« macht (wie Merkel immer so schön sagte), dann wird sich auch etwas tun. Flugzeuge und Schiffe müssen nicht vom Erdboden verschwinden, denn sie können so wie Autos und Maschinen auch mit Wasserstoff oder elektrisch laufen, und Strom kann aus erneuerbaren Energien und Wasserstoff hergestellt werden. Und gegebenenfalls muss man eben auch den ein oder anderen Atomreaktor weiterlaufen lassen, um schneller aus der Kohle aussteigen zu können.

# WOKE- UND CANCEL-CULTURE, TIME'S UP, ME TOO UND TWITTERMOBS

Aus dem wichtigen Kampf gegen Rassismus und Homophobie und für Frauenrechte und generelle soziale Gerechtigkeit ist in den letzten Jahren etwas entstanden, was diese Ziele nicht nur nicht mehr verfolgt, sondern das Gegenteil von Anteilnahme in der Bevölkerung auslöst. Nämlich: Ablehnung und Zynismus. Es ist absolut richtig, wenn ein Massenvergewaltiger wie Harvey Weinstein zur Rechenschaft gezogen und 20 Jahre in den Bau geschickt wird. Es wird im Übrigen auch seiner Figur nicht schaden, mal zum Bodybuilding mit den anderen schweren Jungs auf den Hof zu gehen und die beschissene Gefängniskost runterzuschlingen. Darauf hat Jeffrey Epstein (ein anderer Massenvergewaltiger) dann verzichtet und sich lieber direkt erhängt. Aber aus diesen und anderen Fällen (wie R. Kelley, der sich minderjährige Girls als Sexsklaven hielt), ist dann eine Bewegung entstanden, die jeden für immer aus dem Verkehr ziehen will, der mal einen Tittenwitz erzählt oder mit Cowboys und Indianerfiguren gespielt hat.

Der Begriff »Woke« bedeutet auf Deutsch »erwacht« oder »wach«, und das sollten eigentlich alle sein, vor allen Dingen beim Autofahren. Aber »woke« als Symbol, obwohl schon seit den 1930er-Jahren existent, kam wegen der Polizeigewalt gegen Schwarze sehr stark ab 2014 auf. Es verselbstständigte sich dann während der Trump-Regierungsjahre von 2016 bis 2020 dahingehend, dass Bürger aller Hautfarben sich quasi in eine »Woke-Polizei« verwandelt haben, die alles bestrafen und verbieten will, was ihrer Weltsicht widerspricht. Das hat dazu geführt, dass politisch Inkorrektes und Satire heute kaum noch eine Chance haben.

Wegen Weinstein, Bill Cosby und Co. gab es 2017 die »*Me too*«- (quasi nur ein #hashtag) und 2018 die »*Times's Up*«-Bewegung (vorrangig unter Schauspielern), die ihre Loglines zum Programm erklärten, so wie auch *Black Lives Matter*. *Time's Up* sammelte viel Geld ein und eröffnete Büros, um sicherzustellen, dass die Zeit für Sexisten vorbei ist.

Ich bin Harvey Weinstein mehrfach persönlich begegnet und habe mich immer gefragt, warum auch Männer vor diesem Fettsack Angst hatten. Viele Mitarbeiter und Regisseure wurden ja von ihm geschlagen und erniedrigt. Als er bei einem Filmfestival in Kasachstan an meinem Tisch saß, hat er sich brav benommen, aber er hat mal beim Cannes Filmfestival meinem Verkaufsagenten Dan Sales ein blaues Auge im Fahrstuhl verpasst. Dan sagte mir, er wäre hingefallen und erst nach Dans Tod Jahre später wurde mir erzählt, was eigentlich passiert war. Dan war mit Harvey im Fahrstuhl und bot ihm meinen Film *House of the Dead* an und Harvey donnerte ihm eine. Dan war das peinlich und deshalb erzählte er es niemanden. Sadisten wie Weinstein dominieren andere Menschen und lieben es, wenn andere Angst haben. Deshalb hätte er auch nie mit mir gearbeitet, weil er instinktiv gespürt hätte, dass ich ihn zu Brei geschlagen hätte, wenn er in irgendeiner Art und Weise die Hand gegen mich erhoben hätte.

Trotzdem ist es nicht ganz so einfach, wenn sich die armen, heulenden Schauspielerinnen 15 Jahre später, weil es trendy ist und Weinstein ihnen sowieso keinen Job mehr besorgen kann, vor laufenden Kameras an Vergewaltigungen erinnern. Unzählige Stars und Sternchen haben freiwillig mit Weinstein geschlafen, um Karriere zu machen. Ich kenne einige von ihnen. Urplötzlich waren quasi alle Frauen, die ihm beim Wichsen zugeschaut haben, Opfer, und Schadensersatzklagen prasselten herein, aber alles erst, als seine Filmproduktionsgesellschaft *The Weinstein Company* fast pleite war und nicht mehr jedes Jahr die Oscars dominierte. Auf einen sterbenden Schwan lässt sich besser einprügeln. Ich bin ja keine Frau, aber wenn ich eine wäre und vergewaltigt worden wäre, dann wäre ich direkt zur Polizei gegangen, denn mit den vorhandenen Gewalt- und Spermaspuren hat man tatsächliche Beweise auf dem Tisch.

Interessant war auch, als 2021 das »*Time's Up*«-Movement unterging, weil sich die Geschäftsführerin für den auch wegen Frauengeschichten zurückgetretenen New Yorker Gouverneur Andrew Cuomo eingesetzt hatte und sich in dem Zuge herausstellte, dass fast alle Spendeneinnahmen für den Verein in hohe Gehälter gesteckt worden waren.

Der Twitter-Mob postet gegen jeden zu jeder Zeit, der in irgendeinen anzüglichen Fall verstrickt ist, und verlangt ein Berufsverbot oder die Verhaftung. Nur eben leider oft ohne Beweise und stichhaltigen Grund, einfach nur, weil »er oder sie« böse beziehungsweise. ein Sexist oder Rassist sein muss, weil jemand anderes dies postet. Der US-Senator Al Franken musste zurücktreten, weil er ein Foto gepostet hat, wo er so tut, als ob er im Benny-Hill-Stil einer Frau an die Brüste fasst, die gerade schläft. Er hat ihr aber nicht an die Brüste gefasst, sondern nur so getan. Das reichte schon und seine Parteigenossen, die dem Cancel-Culture-Mob blind folgen und gefallen wollen, zwangen ihn zum Rücktritt. Benny Hill, der ja fast in jeder seiner Shows Frauen hinterhergelaufen ist, um an ihre Brüste zu fassen, würde sich im Grab umdrehen.

Da wird Annalena Baerbock zur Rassistin gestempelt, weil sie den Begriff »Neger« zitiert hat und dies nur zur Verdeutlichung in einer antirassistischen Veranstaltung, oder ihr Kollege Habeck muss sich entschuldigen, weil er bei *Maischberger* ironisch die Phrase »Großes Indianerehrenwort« benutzte. Als Matt Damon gepostet hat, dass er früher immer »Faggot« (kann man ungefähr mit »Schwulette« übersetzen) zu Schwulen gesagt hat und dies nun nicht mehr tun würde, wurde er öffentlich zerpflückt. Oder Ken Burns (einer der wichtigsten Dokumentarfilmer aller Zeiten) musste sich entschuldigen, dass er als Weißer Dokumentationen über Jazz oder Muhammad Ali gemacht hat. Das sind alles aber nur einige kleine Beispiele zu dem Thema, denn mittlerweile werden tausende Säue pro Tag durchs Dorf getrieben und das Hauptproblem ist, dass alle Politiker und Medienvertreter Angst haben, selbst am Pranger zu stehen, und darum im vorauseilenden Gehorsam jeden entlassen, der seiner Sekretärin auch nur auf den Arsch schaut. Da werden Karrieren beendet und Leben zerstört, bevor irgendeine Schuld feststeht.

Nehmen wir mal Woody Allen, einen der besten Regisseure (mindestens in der Top 50) aller Zeiten, der seit 25 Jahren mit seiner Stieftochter verheiratet ist. Ihm wurde von seiner Exfrau Mia Farrow (unter anderem *Rosemarys Baby*) und seinem Stiefsohn Ronan Farrow (Sohn von Frank Sinatra und zufällig eben jener Journalist, der auch Harvey Weinstein zu Fall brachte) zur Last gelegt, eine andere Stieftochter vor 30 Jahren befingert zu haben. Beide hassen Woody Allen, da die Trennung damals offenbar sehr schmerzhaft gewesen war, und hatten gute Gründe, Rache üben zu wollen. Die auf die Vorwürfe folgenden Jahre waren für Woody Allen katastrophal, seine Reputation ist zerstört. Er leugnet alles!

Zuallererst muss man hier die Kirche im Dorf lassen. Woody Allen hat sein ganzes Leben oft mit sehr jungen Darstellerinnen gearbeitet (unter anderem Scarlett Johansson, Margot Hemingway, Diane Keaton), und in 60 Jahren als Regisseur wurde er nie beschuldigt, in irgendeiner Form irgendeine Schauspielerin oder Mitarbeiterin belästigt zu haben. Zählt das nichts? Ist das nicht ein Indiz für seine Unschuld?

Stellt sich der Cancel-Culture-Mob nicht mal vor, was man Woody Allen antut, wenn er dieses Mädchen in Wirklichkeit doch nicht unsittlich berührt haben sollte? Spielt die Unschuldsvermutung für diese Leute überhaupt keine Rolle? Wenn er ein Pädophiler wäre, wäre er dann nicht öfter aufgefallen als ein einziges Mal? Und gibt es nicht zu denken, dass die Missbrauchsanschuldigung ausgerechnet im Rahmen einer Scheidungsschlammschlacht aufgebracht wurde?

Was wir mittlerweile haben, ist der Salat, denn Leute wie der stolze Pussy-Grapscher und Rassist Trump machen es sich zunutze, dass sehr viele Menschen diese Cancel-Culture-Bewegung für übertrieben halten, und schaffen es dadurch, mehr Fans und Wähler auf ihre Seite zu ziehen. Deshalb lasst mich hier die Brücke bauen und all den Mitgliedern dieser Verurteilungsbrigaden zurufen: »Wenn man keine Ahnung hat, einfach mal Fresse halten!« Denn: Die Realität ist meistens nicht so einfach und clean, wie ihr es darstellt und mit eurem Verhalten stärkt ihr die Faschisten, Rassisten und Sexisten, denn die bekommen Zulauf von allen, die hier ihre Grundrechte und Freiheiten beschnitten bekommen.

Komödienklassiker wie *Die nackte Kanone, Kentucky Fried Movie* oder *Die unglaubliche Reise in einem verrückten Flugzeug* würden heute nicht mehr gedreht, aus Angst, man könnte zu vielen Leuten auf die Füße treten und ihre Gefühle verletzen. Sogar *Hangover, Superbad* oder *Verrückt nach Mary* hätten kaum noch eine Chance auf Finanzierung.

Es wurde gefordert, Klassiker wie *Vom Winde verweht* nicht mehr zu zeigen, weil die Hauptpersonen Sklaven halten. Was für ein unfassbarer Schwachsinn, einen Film basierend auf heutigen moralischen Maßstäben zensieren zu wollen, der vor 80 Jahren gedreht wurde, als Schwarze kaum Rechte hatten. Jeder Weiße, der mit Blackface einen Schwarzen oder mit Redface einen Indianer oder mit Yellowface einen Asiaten gespielt hat, ob im Film oder in einer Karnevalssitzung, gilt nun als Rassist, und meine Cowboy- und Indianerfiguren, die ich meinen Kindern vom Speicher holte, machen mich heute quasi zur Reinkarnation von Adolf Hitler. Der Zensur-Mob will, dass nur noch Asiaten Filme mit Asiaten über Asiaten und nur noch Schwarze Filme mit Schwarzen über Schwarze machen und das historische Filme und Bücher verboten und/oder zensiert und umgeschnitten werden. Sie begreifen überhaupt nicht, dass wir hier von Geschichte sprechen und dass natürlich historische Dokumente, Bücher und Filme das Einzige sind, was von der Geschichte übrigbleibt, denn die Augenzeugen sterben. Und von daher ist jede Zensur oder Änderung dieser Medien ein unverzeihliches Verbrechen. In D.W. Griffiths drei Stunden langem Film *Birth of a Nation* aus dem Jahre 1915 gehört der Ku-Klux-Klan zu den Guten und Weiße mit Blackface spielen zum Großteil auch die Rollen der Farbigen. Das zeigt den historischen Zustand der USA 1915, wo Schwarze wie Tiere behandelt wurden, keine Rechte hatten und die Weißen als Herrenrasse angesehen wurden. Und wer etwas über die USA zu Anfang des 20. Jahrhunderts erfahren will, kommt um den Film nicht herum.

Die Cancel-Culture versucht, mit den heutigen moralischen Ansprüchen die Weltgeschichte zu verändern, sodass neue Generationen in ihrer Wohlfühlwelt zu keinem Zeitpunkt mit der Realität konfrontiert werden müssen. Da fehlt nicht mehr viel und auch der Holocaust wird aus den Schulbüchern verschwinden, weil man das den armen Kindern nicht mehr zumuten kann. Daher: Man kann die Vergangenheit kritisieren und beurteilen, aber ändern und vergessen darf man sie nicht.

Und hier noch ein interessanter Appell am Rande an die Cancel-Culture-Twitter-Mob- und Klimaschutz-Freunde: Warum greift ihr nicht mal hart gegen Rapper durch? Die dürfen immer noch in all ihren Songs jede Frau als Bitch bezeichnen, und die Hauptaufgaben von Frauen in dieser Rapper-Welt sind: Sexy Dress anziehen, schminken, in der Disco den Arsch schwingen, Party machen, Blowjob geben und die ganze Nacht vögeln. Männer bezeichnen sich als Nigger, Stecher und Money-Spender, kaufen sich eine Rolex, Kronleuchter für eine Millionen Dollar, fliegen mit Privatjets um die Welt, ficken wild durch die Gegend, machen Party, haben Waffen, dealen Drogen und fahren mit dem dicken Hummer oder Lambo vor. Warum sagt da niemand im Sinne von *Fridays for Future*: »Hey! WTF are you doing and talking about? Die Erde geht unter und eure Klimabilanz macht euch zu asozialen Schweinen und mit euren Songs macht ihr jedem Vorurteil über Schwarze alle Ehre!«

Da ist es schon schräg, dass ausgerechnet R. Kelley, der so schön »I believe I can fly« gesungen hat, der größte, perverseste Verbrecher von allen Sängern gewesen zu sein scheint. Er hat auch Harvey Weinstein bei weitem in den Schatten gestellt, denn er hat Minderjährige über Jahre gefangen gehalten.

Als ich 2021 meinen Film *Hanau* über Tobias Rathjens Massenmord drehte und ein kleiner Artikel in der *Bild*-Zeitung erschien, beschloss der Bürgermeister von Hanau, sich in den Cancel-Culture-Zug zu setzen und schrieb eine Presseerklärung, die mir den Film untersagen wollte. Ohne auch nur eine Szene des Films gesehen zu haben oder das Drehbuch zu kennen, nahm er an, ich würde eine Gewaltorgie inszenieren, die die Opfer der rassistischen Tat verunglimpfte. Mir wurde auch vorgeworfen, ich hätte mich vorab nicht an die Opferfamilien gewandt, um mit ihnen zu sprechen. Das stimmte nicht, und ich konnte mit E-Mails beweisen, dass ich mit der Bildungsinitiative und Opfern in Hanau in Verbindung stand, aber das interessierte zu diesem Zeitpunkt schon keinen mehr, denn die dpa und damit dann alle anderen Leitmedien – von *Spiegel*, *Stern* und *Focus* bis zur *Zeit* – druckten eins zu eins die Aufforderung zum Berufsverbot nach, anstatt mal mit mir zu sprechen und/oder auf den Film zu warten. Kein Medium fragte: »Wie kann man einen Film aburteilen, den bisher niemand kennt?« Stattdessen wurde geschrieben: »Dieser unsägliche Film darf nicht entstehen!«

Als der Film dann fertig war, gab ich der *Welt am Sonntag* ein exklusives Screening und – siehe da: Der Film war keine Gewaltorgie, sondern das Psychogram eines rechtsradikalen QAnon-Mörders, welches im Sinne der Opfer das Versagen der Ordnungsbehörden aufzeigt.

Florian Hartleb, ein Sachbuchautor, der Experte für Amokläufe ist, schrieb:

> Nun hat der Regisseur Uwe Boll »Hanau« verfilmt und einige Vorab-Kritik erhalten. Ich kann diese, nachdem ich den Film vorab sehen konnte, nicht nachvollziehen. Im Gegenteil: Uwe Boll hat sich große Verdienste erworben. Er hat sich ganz offenbar tief in die Materie eingearbeitet, mit einem Ergebnis, das erschaudert, aber eben auch das Phänomen verständlich macht. Ich selbst habe noch viel gelernt.
>
> Herr Boll stellt das Irrationale eben ausdrücklich wie eindringlich dar, setzt sich mit der Psyche des Täters intensiv auseinander. Es ist wichtig, die Perspektive einzunehmen, die oben beschriebene Mischung aus persönlichen Frustrationen (auch

Störungen, wie in Hanau offensichtlich – hier paranoide Schizophrenie) und eben der politischen Radikalisierung (hier eben die Verschwörungstheorien). Boll stellt hier das Reale nach, wenn es etwa um die Videos des Täters geht, oder eben seinen Glauben, selbst ein Genie zu sein (Hollywoodregisseure hätten seine Ideen geklaut). Diese Realität ist eine Zumutung, wie die Welt am Sonntag am 11. Juli 2012 über Bolls »Hanau« schrieb, doch sie ist eben real. Uwe Boll geht gerade auch auf die Opfer zu, nennt sie beim Namen.

Die *Berlinale*, die neun verschiedene Sektionen hat, wo sie *Hanau* hätte zeigen können, kassierte zwar meine Anmeldegebühr, lehnte jedoch den Film ab. Nun offerierte ich allen Streamern und Sendern den Film zum Kauf und bekam tolle, positive Anschreiben zurück. Etwa: »Ein wichtiger Film ... bedrückend!« Nur kaufen wollte das Werk keiner, denn die Twitter-Polizei hatte bereits zu viel Angst verbreitet, und so wurde der Film im vorauseilenden Gehorsam nicht gezeigt. Meine Frau, die meinen Film auf Twitter verteidigte, bekam dann auch die volle Breitseite ab und eine junge Frau verlangte quasi ihren Tod, denn wie soll man sonst einen Tweet lesen, der sagt: »Ich will, dass Du gecancelt wirst!« Auch der Versuch, den Film in Kinos zu zeigen, scheiterte, denn alle hatten Angst vor einem negativen Imagetransfer. Im vorauseilenden Gehorsam wurde entschieden, den Zuschauern noch nicht mal die Möglichkeit zu geben, den Film zu sehen und mit dem Filmemacher darüber zu diskutieren. Erbärmlich.

Eine ARD-nahe Firma namens Schattenwolf ließ sich ein Video von mir drehen, wo ich meine Lieblingsfilme beschreiben sollte und sie würden dann diesen Film in ihrem digitalen Adventskalender am 24. Dezember veröffentlichen. Am 22. Dezember teilten sie mir dann per E-Mail mit, dass sie aufgrund der Hanau Kontroverse mein Video nicht zeigen werden. Was bedeutet so was?

Eine Woke-Minderheit hat es in den letzten fünf Jahren durch Social Media geschafft, zu proklamieren, was jeder darf und was nicht – und zwar unter Missachtung der Gesetze und der Verfassung. Und alle öffentlichen Vertreter, die Medien, die Unternehmer und jeder intellektuell angehauchte Mittelschichtler folgen brav, um selbst keinen Posting-Sturm auf sich zu ziehen. Und so tat es eben auch die Firma mit dem so tollen wie furchtlosen Namen Schattenwolf. Ich würde nach der beschriebenen Erfahrung eher sagen, die Firma hat noch nicht Mal die Eier eines Hamsters.

Auch herrlich sind zwei Beispiele von der Olympiade in Tokio 2020: Zwei japanische Funktionäre mussten zurücktreten. Die Begründungen sind unglaublich (halten Sie sich fest): Der eine war vor 30 Jahren als Schüler ein Bully (eine Person, die andere mobbt). Stellt sich die Frage: Wie konnte das jetzt rauskommen und warum kam es jetzt raus und warum dürfen Bullys keine Funktionäre sein, aber Staatspräsidenten? Der zweite betroffene Japaner war mal Stand-up-Comedian und hat dabei vor vielen Jahren einen Schwulenwitz gerissen. Da musste man natürlich hart durchgreifen, bevor die Woke-Welle losbrach.

Ich bin natürlich das vollkommen falsche Ziel für solche Kampagnen, denn seit 25 Jahren versuchen alle deutschen Filmbürokraten, Kritiker und Festivals mich zu canceln. Von daher ist so etwas für mich business as usual, und ich habe längst meinen persönlichen Weg gefunden, darauf zu reagieren. Immer, wenn ich angegriffen werde, gibt es direkt zurück auf die Fresse. Also liebe ungebildete und in Wunschdenken verharrende Woke-Gemeinschaft: Nur 20 Prozent der Bevölkerung wollen Gendern, aber ihr zwingt alle, es zu tun. Was ein Sieg. Warum bloß begreift ihr nicht, dass man mit der Abschaffung von *Uncle Ben´s* Reis nicht das Leben von George Floyd rettet?! Das schafft man nur, wenn man in der Situation den Drecksbullen von ihm wegreißt, sodass der am Boden Liegende atmen kann. Schade, dass an dem Tag nur verängstigte Pisser dastanden und zugeschaut und gefilmt haben, wie er erstickt wurde. Der Polizist hatte seine Waffe nicht gezogen und man hätte ihn von Floyd wegbekommen können. Klar wäre das gefährlich gewesen, aber wahrscheinlich hätte es dann keinen Toten, sondern nur eine Rangelei gegeben. Sie denken, was der Boll schreibt, ist Irrsinn? Quatsch! Das ist die exakte Analyse der

Situation, denn ich habe anders gelebt als ihr, andere Dinge gesehen, getan und überstanden. Ihr, liebe Internet-Sesselfurzer, müsst mal aus eurem TikTok-Leben auf die Realität schauen, zum Beispiel auf die jungen Leute in Hongkong oder nach Russland oder Belarus. Da kämpfen vor allem junge Menschen für ihre Freiheit und ihre Rechte und lassen sich kaputtschlagen und/oder ins Gefängnis werfen. Denn in solchen Ländern wissen die Leute, was es heißt, nicht frei zu sein und eben nicht sagen und schreiben zu können, was man will. Ihr merkt gar nicht, dass ihr für das Gegenteil von Freiheit eintretet, für Zensur und Faschismus, den Faschismus des Safe-Place, den ihr überall haben wollt. Auch im Kino oder Theater wollt ihr nichts sehen, was gegen euren Moralkompass verstößt. Schade, dass Christoph Schlingensief schon tot ist, wir brauchen ihn mehr denn je. Wir brauchen Leute wie ihn. Wir brauchen Leute wie Klaus Kinski oder Nina Hagen. Wir brauchen unangepasste Künstler, die euch herausfordern.

Ihr, liebe Social-Media-Political-Correctness-Idioten, braucht einen Realitätscheck, denn all die Gewalt, all die Toten und Leidenden, all die sterbenden Menschen und Tiere, die ihr nur auf dem Display seht, existieren wirklich. Die verstehen nicht, was ihr unter »Safe Place« versteht, aber sie wissen genau, was ein sicherer Ort in einem unsicheren Leben wirklich bedeutet.

# LGBTQ

Schwul sein ist okay und Menschen, die eine Geschlechtsumwandlung wollen, auch. Sich mit der Pharmalobby zu verbinden, die dann Pro-Sex-Change-Kampagnen in Schulen zahlt, weil eine Geschlechtsumwandlung ihnen mehrere hunderttausend Euro bringt, ist scheiße und nicht zu akzeptieren. Genauso läuft es vorrangig in Nordamerika ab, wo an jedem Swimmingpool schon Transumkleidekabinen installiert sind und in Schulen extra Washrooms eingebaut werden müssen – und all das nur deswegen, weil man nicht ins Visier des Twitter-Mobs kommen will. In den USA fühlen sich schon 9 Prozent und in Deutschland 6 Prozent der LGBTQ-Gemeinschaft zugehörig. LGBTQ ist eine Abkürzung aus dem Englischen. Es steht für Lesbian, Gay, Bisexual und Transgender – also für Personen, die lesbisch, schwul, bisexuell, transsexuell, transgender und/oder queer sind. Tendenz steigend.

Damit eines klar ist: Jeder aus der LGBTQ-Community kann sein und machen, was er oder sie will. Niemand muss sich verstecken. Sehr viele haben sehr lange persönliche und gesellschaftliche Kämpfe durchfochten, sind geächtet und schlecht behandelt worden, haben durch ihr Outing Job, Familie und Freunde verloren, und dies ist vollkommen unakzeptabel. In vielen Teilen der Welt besteht für sie Lebensgefahr. Deshalb verdienen alle Frieden und Freiheit und sollten leben dürfen, wie sie wollen.

Dennoch muss man es nicht übertreiben und in jedes *Tatort*-Drehbuch zwei Transsexuelle reinschreiben, denn das macht es einfach nur peinlich. Die Mehrheit einer Spezies ist heterosexuell, denn so wird sich fortgepflanzt – und Ende. Deshalb sind Homosexuelle nicht weniger wert, aber sie sind eben nicht die Norm. Wenn alle homosexuell oder »queer« wären, wäre nämlich nach zwei Generationen Feierabend. Jetzt fangt nicht an zu heulen, aber so ist es nun mal, und nur weil man es feststellt, ist man kein Nazi. Wenn ihr jedoch eure ideologische Meinungsmache weiter so extrem durchzieht, dann kommen die Nazis vielleicht doch wieder an die Macht, und dann wird keine Krankenkasse euren Aufblaspenis nach der Operation mehr bezahlen. Seid, was ihr wollt, aber versucht nicht, andere zu bekehren, als ob sie etwas verpassen würden.

Als ich zuletzt Filmförderung beantragte (natürlich erfolglos), bemerkte ich, wie mittlerweile auch beim Film Quoten durchgesetzt werden sollen, und zwar vor und hinter der Kamera. Kamerafrauen oder Transgender-Beleuchter können mittlerweile davon ausgehen, dass sie blind gebucht werden, ob sie ihren Job können oder nicht. Jedes Hollywoodskript und jede TV-Serie hat grundsätzlich mehrere Schwarze, Asiaten, Schwule und Transgender eingebaut, egal ob die Handlung in Nazi-Deutschland oder im England des 15. Jahrhunderts spielt. Das ist nicht das Resultat aus strukturierter Einsicht, sondern ein Zu-Kreuze-Kriechen vor dem Twitter-Cancel-Culture-Mob. Ich habe mein ganzes Leben mit Menschen aller Hautfarben und aller Religionen zusammengearbeitet, und zwar weil sie qualifiziert waren und zu dem jeweiligen Film passten. Und nach keinem anderen Kriterium.

# WENN ICH BUNDESKANZLER WÄRE, DANN …

Zum Schluss meine Grundsatzrede als zukünftiger Bundeskanzler:

»Liebes Deutschland, liebe Bürger, leider wird diese Rede etwas anders verlaufen als das Gesäusel meiner Vorgänger. In meiner nun beginnenden Amtszeit müssen wir zunächst mal der Realität ins Auge sehen und unsere Politik aus dieser Realität ableiten und nicht aus Wunschdenken und Lobbyinteressen.

Die Klimakatastrophe ist da und wird nicht mehr aufgehalten werden können. Durch die Umstellung auf erneuerbare Energien und Klimaneutralität werden wir Katastrophen abmildern und verzögern, wo wir können, aber in Wirklichkeit haben wir entscheidende Eingriffs- und Wendepunkte schon vor 30 Jahren verpasst. Das heißt wir müssen den aktiven Katastrophenschutz gemeinsam mit vielen Ländern verstärken und aufbauen, wo noch gar keiner ist:

Wasserumleitungs- und Ableitungssysteme, Gräben, versenkbare Mauern; Umstellung auf ökologische Böden, die mehr Wasser aufnehmen; Entsalzungsanlagen in Dürregebieten, die nahe an Meeren liegen;

erdbeben- und tornadosicheres Bauen;

Mobile Ersatzunterkünfte, sichere Flucht- und Rückzugsorte;

Medizin-, Wasser- und Lebensmitteldepots weltweit als Soforthilfe-Stationen.

Ich bin 1965 geboren und meine ersten 30 Jahre waren im Rückblick die besten Jahre überhaupt – von allen Zeiten: Der Zweite Weltkrieg war lange her und wir wuchsen auf im Wirtschaftswachstum, in gefühlter Sicherheit des Rüstungs-Patts, in Freiheit. Wir dachten nicht an das Ende der industriellen Revolution durch die Ausbeutung der Natur und die Risiken, in die die Welt durch die Zerstörung des ökologischen Gleichgewichts laufen würde. Unsere Kinder müssen nun akzeptieren, dass sie in einer anderen Welt leben werden, dass der Konsum meiner Generation durch sie nicht mehr weitergeführt werden kann. Das ist eine harte Umstellung, aber sie wird kommen, ob wir wollen oder nicht. Wir Deutsche machen nur etwas mehr als 1 Prozent der Bevölkerung auf diesem Planeten aus, daher könnten wir sagen, dass wir, solange die USA, Russland, China, Indien und andere Länder weiter die Luft verpesten, die Meere verschmutzen und die Umwelt ausnutzen, nichts unternehmen, weil wir damit sowieso nichts ausrichten. Stattdessen aber werden wir mit gutem Beispiel vorangehen und unsere Emissionen bis 2035 auf null senken. Ab 2030 werden keine Verbrennungsmotoren mehr in Deutschland operieren. Um den zusätzlichen Strom für die Batterien zu erzeugen, werden wir unmittelbar in kleinere, sichere Atomstrom-Reaktoren investieren, die in den USA schon in Betrieb sind, und massive Wasserstoff-Kraftwerke aufbauen. Wir werden auch die Entwicklung von Wasserstoff-Mobilität fördern, ebenso wie die lithiumfreie Batterieerzeugung. Wind, Wasser, Sonne müssen im Endeffekt Öl, Gas und dann auch Uranium ersetzen. Unmittelbar werden wir ab nächstem Sonntag mit einem autofreien Sonntag pro Monat starten und in allen Städten ab Mitternacht die Schaufenster- und Straßenbeleuchtung zwischen Mitternacht und 6 Uhr morgens abschalten. Jeder Bürger darf nur noch zweimal im Jahr fliegen und jeder Haushalt nur noch maximal zwei Autos besitzen. Fossil getriebene Yachten, Kreuzfahrtschiffe und Privatflugzeuge werden in zwölf Monaten verboten. Die gesamte Landwirtschaft inklusive Fleischproduktion wird ökologisch umgestellt. Unter mir wird kein Tier mehr in Käfigen gezüchtet und gehalten. Jedes Tier muss jeden Tag stundenlang draußen auf der Wiese sein. Felder werden nicht mehr mit Pestiziden behandelt und es ergeht ein Importverbot für alle Lebensmittel, die nicht unter diesen Bedingungen hergestellt wurden. Tiertransporte, die länger als drei Stunden dauern, werden verboten. Tierversuche werden verboten. Die Bauern hatten schon zig Jahre, um umzustellen, jetzt haben sie noch ein Jahr und dann ist Feierabend. Des Weiteren werden wir 100 Milliarden EU-Gelder, die Nordamerika hoffentlich auch mit 100 Milliarden matchen wird, ganz konkret in die Säuberung der Gewässer von Plastik und Müll stecken. Solange in Lateinamerika Brandrodungen weiterlaufen, um noch mehr Rinder zu produzieren, wird es einen Importstopp für Fleisch aus Brasilien geben. Generell muss die Fleischerzeugung weltweit um 30 bis 40 Prozent heruntergefahren werden.

Das sind Direktmaßnahmen, die sich positiv auf die Umwelt und somit eben auch auf die Menschen auswirken werden.

Ich werde die europäischen Partner auf Linie bringen, um dann weltweit bei den größten Verschmutzern für ähnliche Maßnahmen werben und mit Druck verhandeln. Solange sich China, Indien und andere Länder nicht freiwillig umstellen, müssen wir unsere geschäftlichen Interessen mit diesen Ländern zurückstellen und wirtschaftliche Daumenschrauben anlegen, die auch uns wirtschaftlich schaden werden, aber in diesen Ländern die ökologischen Schäden reduzieren, weil dann weniger produziert werden wird. Es geht hier nicht um die Erhaltung unseres Lebensstandards, sondern um das Überleben unserer Kinder und Kindeskinder.

Gleichzeitig müssen wir einsehen und akzeptieren, dass wir nicht die Weltpolizei und die Welt-Moralapostel spielen können. Ob China, Russland, Nord-Korea oder andere Diktaturen ihre Politik ändern, wird sich nicht von uns in Talkshows herbeireden lassen, sondern von der jeweiligen Bevölkerung dort entschieden. Revolutionen, die von außen in Länder hereingetragen werden, haben noch nie Erfolg gehabt. Die USA haben in Lateinamerika und im Nahen Osten jahrzehntelang durch Geheimdienstaktionen und militärische Eingriffe Regierungen gestürzt und nichts wurde dadurch jemals verbessert.

Weder für die jeweilige Bevölkerung noch für den Rest der Welt. Die gesamte Weltgeschichte ist voll von Kriegen und Verbrechen und wir haben die Aufgabe, uns gegen Ungerechtigkeiten, die wir in unserem Land oder im direkten Umfeld erleben, einzusetzen. Das heißt nicht, dass wir Dinge wie den Khashoggi-Mord durch die Saudis oder den Umgang von China mit Taiwan, Hongkong oder den Uiguren nicht kritisieren. Trotzdem müssen wir gemeinsam mit diesen Ländern daran arbeiten, die ökologische Totalkatastrophe abzumildern und den Weltfrieden nicht zu gefährden. Und das heißt auch, dass wir militärische Interventionen wie den Afghanistan-Krieg in Zukunft kategorisch ausschließen, egal was andere Länder machen.

Unsere Bundeswehr wird aus 200.000 Elitesoldaten bestehen, die mit perfekten Waffensystemen ausgestattet werden. Wir werden einen eigenen nuklearen Schutzschirm aufbauen, der uns auch ohne Mitwirkung der EU und der NATO-Partner beschützt. Wir haben in den letzten zehn Jahren gelernt, dass wir uns auf niemanden verlassen sollten, und wir müssen für jeden Gegner als nicht angreifbar gelten.

Auch die EU ist keineswegs gefestigt, denn wir sehen ein Abgleiten einzelner Staaten in den Faschismus und vor allen Dingen eine Unfähigkeit der EU, einzelne Länder zum Umsetzen von Beschlüssen zu zwingen. Solange Länder nur die für sie positiven Elemente der EU nutzen können und für das Ignorieren von Beschlüssen nicht bestraft und gegebenenfalls sogar ausgeschlossen werden, ist die EU eben keine Europäische Union, sondern sie heißt nur so. Wir wollen den Euro behalten, wir wollen weiterhin offene Grenzen und offenen Handel, aber wir müssen eben auch klar sehen, dass die EU immer nur ein Zusammenschluss verschiedener Staaten und Kulturen mit verschiedenen Sprachen und National-Regierungen sein wird.

Wir werden im öffentlichen Dienst 20 Prozent der Stellen abbauen, denn wir müssen Geld sparen und Verwaltung vereinfachen. Auch das Steuersystem werden wir vereinfachen, gleichzeitig werden wir mehr Steuereinnahmen generieren: Dividendeneinahmen werden versteuert wie die Einkommenssteuer, und Unternehmen wie Amazon und

Co. werden in Deutschland verboten, wenn sie den Umsatz, den sie hier erwirtschaften, nicht auch vor Ort versteuern.

Dass unsere Bevölkerung schrumpft, ist nicht negativ, denn auf lange Sicht muss die Erdbevölkerung tatsächlich schrumpfen, um wieder ein ökologisches Gleichgewicht herzustellen. Die Idee, dass immer mehr Menschen auf dem Planeten leben können bei gleichzeitigem Schrumpfen des Energie- und Ressourcenverbrauchs, ist absurd. Gezielte Migration nach Deutschland ist wegen unserer Überalterung sehr wichtig. Aber Massen-Migration, nur weil moslemische Länder im Chaos versinken, kommt für mich nicht in Frage. Hilfe vor Ort und zwar mit Milliarden, nicht mit Millionen, ist die Aufgabe der EU, um Fluchtgründe zu reduzieren und auch, um illegale Einwanderung zu erschweren.

Wer in Deutschland leben und arbeiten und Steuern zahlen will, ist hier willkommen. Wir sind ein freies Land und jeder, auch deutsche Staatsbürger, die diese Freiheit unterlaufen, sind hier nicht willkommen. Familienclans, die hier Parallelgesellschaften aufgebaut haben und sich nicht an die demokratische Grundordnung halten und die Herkunft ihrer Besitztümer nicht belegen können, werden ihre deutsche Staatsbürgerschaft verlieren, enteignet und des Landes verwiesen. Die Umkehrung der Beweislast ist im Hinblick auf Geldwäsche und das organisierte Verbrechen unerlässlich. Freiheit bedeutet für mich, dass Atheisten nicht von Gläubigen unterdrückt oder gefährdet werden. Zu lange folgten Menschen den Religionen, die immer Unterdrückungsmechanismen waren und Logik und Wissenschaften durch erfundenen Blödsinn ersetzten, um den Geist zu vernebeln und Menschen zu kontrollieren. Damit ist unter meiner Kanzlerschaft Schluss. Da wir ein freies Land sind, dürfen natürlich Menschen jeder Religion in Deutschland leben, aber jeder religiöse Fanatismus wird von uns als terroristische Bedrohung unserer Freiheit gesehen. In früheren Jahrhunderten waren Christen oftmals Massenmörder und Fanatiker. Die christlichen Kirchen haben sich zu ihrem Glück der Demokratie mehr und mehr angepasst, und auch wenn für mich der Glaube an einen Gott lachhaft ist, muss und kann ich damit leben. In vielen moslemischen Ländern ist der Status quo aber leider noch auf dem

Level des Mittelalters und die Religion kontrolliert den Staat, die Schulen und das gesamte öffentliche Leben. Dementsprechend ist die wirtschaftliche und politische Situation dieser Länder oft katastrophal, und viele Einwohner wollen nach Europa auswandern. Es hat sich herausgestellt, dass die Migranten sich aufgrund der religiösen und sozialen Herkunft und Vorbildung nur schwer integrieren und eben keinen Lerneffekt aus ihrer gescheiterten Staats-und Glaubensform ziehen. Normalerweise sollte jeder, der zu uns ziehen darf, die Vergangenheit abwerfen und damit auch den in manchen Teilen immer noch frauenfeindlichen, wissenschaftsfeindlichen, antisemitischen und homophoben Islam, aber leider ist es oft so, dass moslemische Zuwanderer genau das Gegenteil machen und sich abkapseln und hier sogar noch radikalisieren.

Und wir bereiten ihnen mit unserer Liberalität sogar den Boden dafür und lassen sie Moscheen errichten und in Parallelgesellschaften leben. Und deshalb lasst mich euch hier an dieser Stelle zurufen: Ihr habt in einer Lüge gelebt und jetzt genießt die Freiheit, Frieden und Wohlstand. Lasst Euch nicht durch Religion verknechten. Ihr habt doch schon alle iPhones, Gucci-Pullover und spielt GTA (Grand Theft Auto), dann könnt Ihr auch den nächsten Schritt wagen und euch von dem Irrsinn befreien, den Ihr Glauben nennt. Wenn sich nun die Rechten über diesen Teil meiner Rede freuen, dann seid euch gewiss, dass gewaltbereite Aluhut-Träger, Reichsbürger, Qanon-Spinner und Rassisten, die oftmals leider nicht ausgewiesen werden können, von uns auch als Terroristen behandelt werden!

Willkommen in einer Regierung, die weder links noch rechts steht, sondern Fakten analysiert und dementsprechend handelt.

An all die Träumer und Idealisten: Ich bin einer von euch, ein Don Quijote vor dem Herrn und würde uns allen wünschen, dass die ganze Welt in Regenbogenfarben zusammen tanzt und wir alle gesund, wohlhabend und glücklich auf der Erde leben, ohne Krieg, Hunger und Ausbeutung. Und das sollte auch unser Ziel bleiben, aber ich bin nun fast 60 Jahre alt und habe gelernt, dass der Mensch eben nicht von Natur aus gut ist. Und ebenso habe ich gelernt, dass der Mensch per Geburt keinen moralischen Kompass hat, der ihm anzeigt, wie sehr

Kriege, Verbrechen, Sex und Gier die Geschichte bestimmt haben. Wir müssen nur jetzt sehen, was Russland mit der Ukraine veranstaltet, und wissen, dass keineswegs logisches Handeln die Welt bestimmt.

Wenn wir also als Nation zu den Gewinnern gehören wollen und so glücklich wie möglich und in Freiheit leben wollen, dann müssen wir unsere humanistischen Prinzipien verteidigen, und zwar mit Mut und aus einer wirtschaftlichen, militärischen und moralischen Stärke heraus!«

# LITERATUR UND QUELLEN

Uwe Boll beruft sich bei der Recherche auf folgende Medien:

abc.net, Academic, aponet.de, ariadneprojekt.de, CBC, CNN.com, countrymeters.info, Der Spiegel, Deutsches Ärzteblatt, europarl.europa.eu, Frankfurter Rundschau, heute.at, Kicker, Middle East Eye, nationofchange.org, Netflix, Presseportal, Qantara, Robert Koch-Institut, Statista, The Guardian, The New Yorker, t-online.de, Vice, Wikipedia, ZDF.de

# UWE BOLL – FILMOGRAFIE

## PRODUCER

Hanau (Deutschland im Winter – Part 1) (producer) / (post-production)
2020 The Decline (Documentary) (executive producer)
2017 House of Evil (producer)
2016 Alien Hunter (executive producer)
2016 Rampage: President Down (executive producer)
2015 Zombie Massacre 2: Reich of the Dead (producer)
2015 Anger of the Dead (producer)
2014 Morning Star (producer)
2014 Rampage 2 – Capital Punishment (executive producer) / (producer)
2014 Schwerter des Königs – Die letzte Mission (executive producer)
2014 Seed 2 (executive producer) / (producer - produced by)
2014 Fürst der Dämonen (co-executive producer)
2013 Prisoners of the Sun (co-producer)
2013 Dragon Dog (Short) (executive producer)
2013 The Profane Exhibit (executive producer – segment »Basement«)
2013 Legend of the Red Reaper (executive producer)
2013 Operation Olympus – White House Taken (executive producer)
2013 Assault on Wall Street (executive producer)
2013 Zombie Massacre (producer)
2013 Revisiting ›Suddenly‹ (Video documentary short) (executive producer)
2011 Behind the Scenes of ›In the Name of the King: Two Worlds‹ (Video documentary short) (producer)

2011 From Page to Screen: Writing ›In the Name of the King: Two Worlds‹ (Video documentary short) (producer)
2011 Schwerter des Königs – Zwei Welten (executive producer)
2011 Blubberella (producer – produced by)
2011 BloodRayne: The Third Reich (producer – produced by)
2011 Auschwitz (producer)
2010 Max Schmeling (executive producer)
2010 The Final Storm (producer)
2009 Darfur (producer)
2009 Rampage – Rache ist unbarmherzig (producer)
2009 Siegburg (producer)
2009 1968: Tunnel Rats – Behind the Scenes (Video short) (executive producer)
2008 Far Cry (producer)
2008 Alone in the Dark II (Video) (producer)
2008 Tunnel Rats (producer)
2007 Bloodrayne 2 – Deliverance (Video) (executive producer)
2007 Demon Days – Im Bann der Dämonen (executive producer)
2007 Postal (producer)
2007 Schwerter des Königs – Dungeon Siege (producer)
2006 Seed (producer)
2005 BloodRayne (producer – produced by)
2005 Alone in the Dark (executive producer)
2003 House of the Dead (producer)
2002 Heart of America (executive producer)
2002 Angels Don't Sleep Here (executive producer)
2001 Blackwoods (executive producer)
2000 Sanctimony (producer)
2000 L'amour (co-producer)
2000 Fiasko (co-producer)
1999 Fake – Die Fälschung (Video) (executive producer)
1997 Das erste Semester (executive producer)
1994 Boxen (Documentary) (producer)
1994 Amoklauf (producer)
1993 Barschel – Mord in Genf (producer)

1992 German Fried Movie (producer)

## DIRECTOR

Hanau (Deutschland im Winter – Part 1) (post-production)
2016 Rampage: President Down (directed by)
2014 Rampage 2 – Capital Punishment
2014 Schwerter des Königs – Die letzte Mission
2013 The Profane Exhibit (segment »Basement«)
2013 Operation Olympus – White House Taken
2013 Assault on Wall Street
2011 Behind the Scenes of ›In the Name of the King: Two Worlds‹ (Video documentary short)
2011 Schwerter des Königs – Zwei Welten
2011 Blubberella (directed by)
2011 BloodRayne: The Third Reich (directed by)
2011 Auschwitz
2010 Max Schmeling
2010 The Final Storm
2009 Darfur
2009 Rampage – Rache ist unbarmherzig
2009 Siegburg
2008 Far Cry
2008 Tunnel Rats
2007 Bloodrayne 2 – Deliverance (Video) (directed by)
2007 Postal
2007 Schwerter des Königs – Dungeon Siege
2006 Seed
2005 BloodRayne (directed by)
2005 Alone in the Dark
2003 House of the Dead
2002 Heart of America

2001 Blackwoods
2000 Sanctimony
1997 Das erste Semester
1994 Boxen (Documentary)
1994 Amoklauf
1993 Barschel – Mord in Genf
1992 German Fried Movie

# Gendergaga

**Birgit Kelle**

Heute schon über Ihr Geschlecht nachgedacht? Gender Mainstreaming – die Vielfalt der Geschlechter – ist überall und in aller Munde. 20 Jahre lang hat sich diese absurde Ideologie unbeobachtet durch alle Hierarchieebenen gearbeitet, und jetzt haben wir den Salat. Wir gendern nun Spielplätze, Ampeln, Toiletten, Studiengänge, die deutsche Sprache und sogar die Bibel.
So langsam schwant immer mehr Bürgern, dass dies alles von zweifelhaftem Sinn und Nutzen ist, dafür aber zielsicher Steuergelder vernichtet. Gender Mainstreaming hat es verdient, als das betrachtet zu werden, was es ist: eine große Satireshow. Bühne frei!

224 Seiten | Softcover | 14,99 € (D) | 15,50 € (A) | ISBN 978-3-95972-422-7

# Von der Impffront

**Rainer Jund**

Es ist der Frühling 2021. Das noch immer alles beherrschende Thema ist Corona – und vor allem die vermeintliche Rettung vor dem Virus: die Impfung. Ab April beteiligen sich in Deutschland niedergelassene Ärzte an der Impfkampagne und kämpfen mit den praktischen, psychologischen und ökonomischen Dimensionen. In diesem Spannungsfeld, in dem sich die Medienbotschaften überschlagen, greift der Arzt Rainer Jund zum Stift und notiert die Geschehnisse in seiner Praxis. Die Erlebnisse enthüllen das ganze Panorama des Menschseins, von tiefen menschlichen Gefühlen, verzweifelter Hoffnung, unweigerlichem Vergehen und dramatischen Erfahrungen.

# Lob des Normalen

**Cora Stephan**

Die »Normalen« stellen die Mehrheit im Lande. Oft ein bisschen spießig, verheiratet, ein bis zwei Kinder, Eigenheim, geregeltes Einkommen, verlässliche Steuerzahler; gutmütige Menschen, die das Abweichende schätzen, das sie sich selbst längst nicht mehr erlauben. Weltoffen und bunt, tolerant bis zur Selbstaufgabe, und sie haben es sich lange geduldig gefallen lassen, zum Auslaufmodell erklärt zu werden. Doch das ist vorbei. Sie wehren sich – durch stille Verweigerung oder über den Wahlzettel.
Lob des Normalen ist kein »zurück zu vergangenen Verhältnissen«, sondern die Wiedergewinnung des Sinns für die Wirklichkeit – für das Bewährte.

240 Seiten | Hardcover | 16,99 € (D) | 17,50 € (A) | ISBN 978-3-95972-400-5